中央高校基本科研业务费专项资金资助
2013年度青年学者文库出版基金资助

语言的节奏特征研究
——从行为到神经机制

张林军／编著

北京语言大学出版社
BEIJING LANGUAGE AND CULTURE
UNIVERSITY PRESS

© 2015 北京语言大学出版社，社图号 15070

图书在版编目（CIP）数据

语言的节奏特征研究：从行为到神经机制 ／ 张林军编著 . -- 北京：北京语言大学出版社，2015.6

ISBN 978-7-5619-4172-0

Ⅰ.①语… Ⅱ.①张… Ⅲ.①声学语音学－研究 Ⅳ.① H017

中国版本图书馆 CIP 数据核字（2015）第 115377 号

语言的节奏特征研究——从行为到神经机制
YUYAN DE JIEZOU TEZHENG YANJIU——CONG XINGWEI DAO SHENJING JIZHI

排版制作：	北京创艺涵文化发展有限公司
责任印制：	姜正周

出版发行：	北京语言大学出版社
社　　址：	北京市海淀区学院路 15 号，100083
网　　址：	www.blcup.com
电子信箱：	service@blcup.com
电　　话：	编辑部　8610-82303647/3592/3395
	国内发行　8610-82303650/3591/3648
	海外发行　8610-82303365/3080/3668
	北语书店　8610-82303653
	网购咨询　8610-82303908
印　　刷：	北京中科印刷有限公司

版　　次：	2015 年 6 月第 1 版
印　　次：	2015 年 6 月第 1 次印刷
开　　本：	710 毫米 ×1000 毫米　1/16　　印　张：11
字　　数：	173 千字
定　　价：	32.00 元

PRINTED IN CHINA

前　言

自 Steele（1775）明确提出节奏是语言[①]的重要特征以来，对语言节奏的关注就一直没有停止过，研究者力图对语言的节奏明确定义，并对各种语言不同的节奏特征加以描述。其中，最有影响的是Pike（1945）和 Abercrombie（1967）提出的语言节奏的等时性假设和类型化观点，即所有的语言根据等时单元的不同可以归纳为重音等长和音节等长两种不同的节奏类型。Ladefoged（1975）后来又提出了摩拉等长的语言节奏类型。自上世纪四五十年代起，学者们围绕语言节奏的等时性假设进行了大量实验研究，但无论是言语产生还是语音感知方面都没有找到语言节奏分类的声学语音学证据，以至于到了上世纪八九十年代，研究者普遍认为尽管不同语言之间节奏特征的差异确实存在，但却不可能在声学语音学的层面上进行测量。

这种情况在 Ramus 及其合作者发表了一系列文章、提出了新的测量语言节奏的声学语音学方法之后有了根本性改变。特别是 2000 年发表在《科学》（*Science*）的文章指出：新生儿和猴子也能感知语言之间的节奏差异，这表明对言语节奏的感知并非人类特有的、具有语言特定性的机制。换言之，语言节奏反映的只是言语材料在声音信号层次上的时间组织形式。之后，研究者们陆续进行了一系列研究，这些研究考察了几个月大的婴儿、猴子甚至老鼠的节奏感知，为 Ramus 的观点提供了新的证据。最近几年，研究者开始利用 Ramus 等人提出的测量方法

[①] 本书多处表达涉及"语言"和"言语"两个概念，"语言"包括言语，指整个语言系统；"言语"则是指包括说和听在内的口语。

I

考察不同语言的节奏特征、母语的节奏特征和节奏类型对作曲家音乐创作的影响、儿童的母语节奏特征和第二语言学习者目的语节奏特征的获得以及帕金森症和构音障碍症（dysarthria）患者与阅读障碍儿童语言的节奏特点，获得了一些重要发现。

除了采用传统的行为实验方法之外，近期研究者开始尝试使用一些新的研究手段——比如脑电（ERP）和功能性核磁共振成像（FMRI)技术——探讨语言节奏特征加工的神经机制，也取得了一些积极成果。但和其他语音特征相比，语言节奏加工机制方面的研究还很少，有很多重要问题都未解决。因此，作为语言最为重要的韵律特征之一，语言节奏需要更多研究者的关注。

目前，国内不同研究领域中所涉及的"语言节奏"这一概念的具体含义存在很大差别，仅就语音学研究领域而言，对节奏的理解也不尽相同：有学者主要从重音的角度定义和分析汉语[①]的节奏，有学者从韵律的层级组织（prosodic phrasing）角度考察汉语的节奏特征，还有学者从音步的角度讨论汉语的节奏特点。这些研究从不同角度加深了对汉语韵律的理解和认识，但还很少有研究者在 Ramus 的理论框架下对汉语的节奏特征进行系统性的考察。本研究将从明确汉语的节奏特征和节奏类型入手，探讨以下问题：

1. 汉语具有什么样的节奏特征？属于何种节奏类型？这反映了汉语哪些方面的音系特点？

2. 和非声调语言相比，在声调语言中，节奏（时长模式）和语调[②]（音高模式）在言语区分中分别具有什么样的作用？

3. 汉语儿童母语节奏特征的获得有什么样的特点和规律？

4. 第二语言学习者能否成功习得汉语的节奏特征？这种节奏特征对感知其"外语口音"有什么样的作用？

5. 右脑损伤的汉语母语者言语的节奏特征和正常人相比有何不同？

除了采用传统的行为研究方法以外，本研究还将利用功能性核磁共

---

① 本书所讨论的"汉语"指汉语普通话。
② 本文所说的语调是指"嗓音基频音调的时间函数"（赵元任，1933），即音高（声学上表现为基频F0）的变化模式。为了避免混淆，陈述/疑问语气（也被很多研究者称为语调）在本文中被称作句调。

振成像技术，深入探讨语言节奏加工的认知神经机制，具体包括以下三个方面的内容：

1. 声学加工层面的节奏/语调信息以及更高加工层面的语音信息和语义信息在言语区分过程中各自具有什么样的作用？其神经活动表现如何？

2. 节奏和语调感知的神经机制具有什么样的共性与差异？

3. 主动任务是如何调节语调和节奏感知过程中的神经活动的？

对这些问题的深入探讨不但有助于确定汉语的节奏特征和节奏类型，而且对于解决目前语言节奏研究中的一些根本性问题，比如 Ramus 提出的测量语言节奏的声学语音学方法所反映的节奏感知的作用机制、语言的节奏类型化假设、音高模式和节奏特征在区分不同语言中的作用和相互关系、右脑在语言节奏和韵律感知与产生中的主导作用等也具有重要意义。

目　录

第一章　语言的节奏特征研究综述 ……………………………………… 1
 第一节　语言节奏的等时性假设和语言的节奏分类 …………………… 1
 第二节　语言的音系特点和语言的节奏 ………………………………… 8
 第三节　Ramus测量语言节奏的声学语音学方法的实验证据 ……… 11
 第四节　节奏和语言获得 ………………………………………………… 20
 第五节　母语语音特征对言语和非言语信息加工的影响 ……………… 24
 第六节　节奏和韵律加工的神经机制研究 ……………………………… 26
 第七节　汉语的节奏特征研究 …………………………………………… 33

第二章　汉语的节奏特征和节奏类型 …………………………………… 41
 第一节　汉语节奏特征的测量 …………………………………………… 41
 第二节　语言节奏类型区分的感知实验 ………………………………… 47
 第三节　音高信息在区分汉语和其他语言中的作用 …………………… 53
 第四节　节奏耦合实验 …………………………………………………… 60
 第五节　母语的节奏特征对非言语时长模式感知的影响 ……………… 63

第三章　母语儿童和第二语言学习者汉语节奏特征的获得 …………… 69
 第一节　汉语母语儿童的节奏获得 ……………………………………… 69
 第二节　英语母语者汉语节奏特征的获得 ……………………………… 77
 第三节　节奏特征和音高信息对感知"外语口音"的作用 …………… 81

I

第四章 语言节奏加工的神经机制研究 ·················· 87

第一节 节奏/语调和音位/语义信息在语言区分中的神经竞争······ 87
第二节 节奏和语调感知神经机制的共性与差异 ················ 99
第三节 主动任务对节奏和语调感知神经活动的调节 ············ 111
第四节 右脑在语言节奏产生中的作用 ·························· 118

第五章 研究总结与综合讨论 ····································· 122

参考文献 ··· 133

附　　录 ··· 157

附录一　汉、英、日、意四种语言朗读语料 ···················· 157
附录二　故事复述任务文本材料 ····································· 161
附录三　汉语作为第二语言的节奏特征实验朗读语料 ·········· 162
附录四　病人言语的节奏特征研究朗读语料 ······················ 163
附录五　意大利语和日语对应句子的波形图和宽带语图 ········ 164

第一章
语言的节奏特征研究综述

第一节 语言节奏的等时性假设和语言的节奏分类

一、节奏和节奏的基本特点

节奏是指"具有共同特征的事件的重复,它在本质上是属于时间范畴的现象"(Fox, 2000; Whitworth, 2002)。节奏不仅是听觉能感受到的运动形式的重要特征,很多视觉可观察到的运动形式也都具有节奏的特征,比如人走路、跑步、跳舞和鸟儿飞行的时候扇动翅膀。

"流动性"是视觉运动形式节奏特征的一个显著特点,即我们没有办法确定一系列的重复性事件中哪个是更重要的,比如我们看到一个人在走路,却没有办法确定哪个动作是这一系列动作的开始和结束。

听觉感知到的节奏却是离散的:一系列事件中的第一个被感知到的是更重要的(Woodrow, 1951; Lerdahl & Jackendoff, 1983; Abecasis, 2005)。比如当我们听到速度很快的连续的声音序列时会把它们感知为两两一组的声音对,而且每组中第一个被认为是更重的。Woodrow(1951)最早指出了听觉节奏的这一特点,并将其概括为分组趋势(group tendency)和"首重"模式(salience on the first event),他认为"所谓节奏,就其心理意义而言,是指对一系列刺激的分组感知。这些连续的组通常有相似的模式,因而被认为是重复性的;每个组都被感知为一个整体而且第一个刺激通常被认为是更重的"。Woodrow 的观点得到了后来的很多行为实验(Vos, 1977; Trehub & Trainor, 1993; Hayes,

1995; Trainor & Adams, 2000; Drake & Bertrand, 2001; Hay & Diehl, 2007) 以及近期的事件相关电位 (event-relateal potential, ERP) 研究 (Abecasis, 2005; Schaefer et al., 2011) 的证实。

人类听觉系统的节奏感知特点影响到了声音的产生，比如就音乐的创作来说，前重是音乐节奏的一个基本特点。

二、语言的节奏

节奏也是人类语言的一个重要特征，是语言韵律的重要组成部分 (Richard, 1990; London, 2004)。但是听觉节奏的两个基本特征——时间的规则性和重音在语言节奏感知与产生中的地位和作用一直存在着激烈的争论 (time vs. accent controversy), Kent (2000) 将其概括为语言节奏的节律 (metric) 观点和韵律 (rhythmic) 观点。节律观点以 Abercrombie (1967) 和 Kolers & Brewster (1985) 等为代表，强调语言节奏的时间规则性特征；韵律观点以 Handel (1989) 等为代表，强调重音对语言节奏的作用。Port (2003) 和 Patel (2003) 指出，时间的规则性和重音对语言节奏都有重要作用，但时间的规则性是更为基本和本质的特征，他们明确把语言节奏定义为"语言的时间组织形式"。对于节奏在语言加工中的作用，Allen (1980) 和 Fox (2000) 认为节奏可以赋予语言一定的结构，具有组织功能，从而提高言语事件 (speech events) 的可预测性和话语的可理解性。他们认为：节奏通过限制重要的发音事件 (articulatory events) 的时间为言语提供了重要的冗余特征，从而有助于言语交际中听话和说话双方对言语的记忆和理解。

三、语言节奏的等时性假设和语言的节奏分类

Lloyd James (1940) 最早发现西班牙语、意大利语和英语、荷兰语的韵律存在明显的不同，Pike (1945) 认为这种不同就是节奏的差异，他用"机关枪节奏"(machine gun rhythm) 和"摩尔斯电码节奏"(Morse code rhythm) 分别来形象地描述这两种节奏。Pike (1945) 和 Abercrombie (1967) 在 Classe (1939) 提出的"节奏具有等时特征"的基础上把语言节奏定义为"某种言语单元的等时性重复"，这就是著名的"语言节奏的等时性假设"。

语言可以从不同的角度进行分类，这就是所谓的类型化（typology）观点。比如从主语、谓语和宾语在句子中的位置关系出发，可以把语言划分为 SVO 和 SOV 等不同的类型；根据音高所承担的语言功能的不同可以把语言划分为声调语言和非声调语言两种类型（也有人分为三种，增加了音高重音语言，以日语和挪威语最为典型）。自从 Pike（1945）提出语言节奏的等时性假设以来，人们就一直在探讨从节奏的角度对语言进行分类的可能性。Abercrombie（1967）最早明确提出了语言节奏的类型化观点，他认为世界上所有的语言都属于两种节奏类型：一种是重音等长（stress-timed，也被称为音步等长 foot-timed）的语言，以英语、德语等为代表；另一种是音节等长（syllable-timed）的语言，以法语、西班牙语等为代表。后来，Ladefoged（1975）在 Bloch（1950）等人的研究基础上又提出了第三种节奏类型，即摩拉等长（mora-timed）的语言，以日语最为典型。

四、语言节奏等时性假设的实验证据

语言节奏的等时性假设认为不同节奏类型的语言以不同的言语单位——重音音步、音节或摩拉作为时间单元，这些单元的时间长度应该是相等的。围绕着这一假设进行了大量研究，因为大部分研究常常是把重音等长的语言和音节等长的语言进行比较，而摩拉等长的语言又具有一定的特殊性，为了叙述方便、条理清楚，我们把等时性假设的实验研究分成两部分加以总结。

（一）重音等长和音节等长的实验研究

节奏的等时性假设认为重音等长和音节等长的区别在于：音节等长的语言重音之间的时长应该随着音节数目的变化而变化，但重音等长的语言其重音之间的时长应该是近似的；音节等长的语言音节的长度应该是近似的，但重音等长的语言音节长度有很大差异（见图1）。

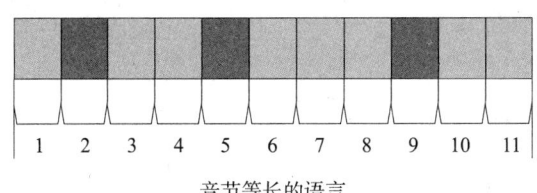

音节等长的语言

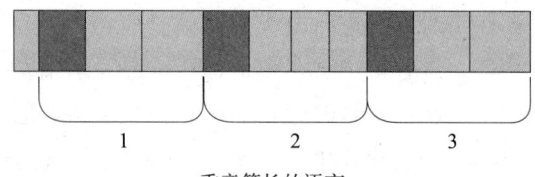

重音等长的语言

图 1　音节等长和重音等长语言的时长模式

对单一语言的研究发现，所谓的重音等长的语言，重音之间的时长并不相同，而是和音节数目之间存在一定的线性关系（Bolinger, 1965；Faure et al., 1980；Nakatani et al., 1981；Lehiste & Fox, 1990）；而所谓的音节等长的语言，音节的长度也存在很大的差异（Delattre, 1966；Pointon, 1980；Local et al., 1985）。对两种节奏类型语言的比较研究也发现，重音等长的语言重音之间的时长变异并不比音节等长的语言重音之间的时长变异小。

Roach（1982）关于语言等时性假设的研究至今仍然被广泛引用，该研究对三种传统上被认为是重音等长的语言（英语、俄语和阿拉伯语）和音节等长的语言（法语、泰卢固语和约鲁巴语）进行了比较，结果发现，在音节时长方面，六种语言的时长变异分别为（单位为毫秒）：

英语：86　　　　　法语：75

俄语：77　　　　　泰卢固语：66

阿拉伯语：76　　　约鲁巴语：81

可见，重音等长的语言和音节等长的语言之间，音节时长并没有明显的差异。

在重音之间的时长方面，六种语言的时长变异分别为（单位为毫秒）：

英语：1267　　　　法语：617

俄语：917　　　　 泰卢固语：870

阿拉伯语：874　　 约鲁巴语：726

可以看到，重音等长语言的时长变异要大于音节等长的语言，这与节奏的等时性假设是相冲突的。进一步分析发现，英语的时长变异要远远大于其他五种语言，因为只用了一位英语发音人，这可能是由于个体差异造成的；其他的两两比较发现只有俄语和法语之间存在差异。Roach（1982）认为，综合考虑，不能做出重音等长的语言重音之间的时长变异大于音节等长的语言,但是研究结果至少也是不支持等时性假设的。

另外,Roach(1982)还计算了重音之间的时长变异和音节数目之间的相关,因为对音节等长的语言而言,重音之间的时长应该随着音节数目的增加而呈线形增加,但对重音等长的语言,音节数目对时长的影响应该很小,结果如下:

英语:0.53 法语:0.51
俄语:0.61 泰卢固语:0.61
阿拉伯语:0.57 约鲁巴语:0.62

可以清楚地看到,两种节奏类型的语言之间也是没有本质差异的。

在重音等长和音节等长的实验研究中还发现了一个重要的语音现象,即重音临近效应(stress adjacency effect)。Bolinger(1965)发现,重读音节在其后接另一个重读音节的时候,其时长要比接一个非重读音节的时候要长,这个现象被称为重音临近效应。Bolinger 把重音临近效应作为支持等时假设的重要证据,因为当重读音节后面接非重读音节时,它们共同构成一个两音节音步,而为了保持等时,前边的重读音节才出现了长度压缩。Dasher & Bolinger(1982)和 Rakerd & Verbrugge(1987)的研究支持了 Bolinger(1965)的结果,但 Fant(1991)认为已有的研究只考察了单音节和双音节的情况,而且这种效应是很弱的,因此并不能作为支持重音等长假设的证据。

实验证据的缺乏使一些研究者放弃了"客观"等时性的观点而提出了"主观"等时性假设,他们认为严格的等时性只是一种趋势。Beckman(1992)和 Laver(1994)等人从生成音系学的观点出发,提出真正的等时性只是一个深层规则,在转换到表层形式时会受到语音、音系以及其他语法特点的影响。而 Lehiste(1977)和 Couper-Kuhlen(1990,1993)等人则认为等时性主要是感知现象,他们认为重音或者音节的时长变异低于感知域限,从而造成了感知上的等时性。比如,Lehiste(1977)发现被试很难从长度不等的音步中选出最长和最短的,而当实验使用非语言材料时却容易得多。但是,Scott(1985)却发现英语和法语被试同样都对重音之间的时长表现出了"规则化"现象,这与法语音节等长的特点相冲突,Scott 认为并不存在所谓"感知等时"的现象，感知等时只是反映了任务难度较大时被试的一种反应倾向。

可见，大量的实验研究并没有找到从等时性的角度划分语言节奏类型的声学语音学证据。研究发现，所谓的重音等长的语言，重音之间的时长并不比音节等长的语言规则，而音节等长的语言音节时长的变异也不比重音等长的语言要小。另外，Abercrombie（1967）提出的发音生理方面的证据（即音节等长的语言和重音等长的语言在发音方面存在胸部脉冲和重音脉冲的区别）也被证明是错误的（Ladefoged, 1967）。

因此，Dauer（1983, 1987）在总结语言节奏等时性假设的实验研究时认为，一切寻找重音等长和音节等长声学语音学证据的努力都是徒劳的。

（二）摩拉等长的实验研究

认为摩拉是日语重要的时间单位的观点最早是由 Jinbo（1927）和 Trubetzkoy（1939）等人提出来的（转引自 Bloch, 1950），他们把日语的节奏和英语的节奏做了比较。Bloch（1950）则第一次明确提出了日语摩拉等长的观点，他认为不管单词中包含的音段和摩拉类型如何，只要摩拉的数目相同，单词长度就是相同的。可见，Bloch 持严格的等时观点，他甚至认为要确定一个短语里的摩拉数目只需要比较一下该短语的时长和已知摩拉数目的另一个短语的时长。另外，Otake et al.（1993）认为日语中的重音节的时长是轻音节时长的两倍。Ladefoged（1975）则从语言产生的角度出发，认为产生每一个摩拉的时间应该是差不多的。

摩拉等长的实验研究主要包括两个方面：一是对严格的摩拉等长假设的检验，二是对补偿假设的检验。

对严格的摩拉等长假设的检验主要是计算双辅音和单辅音、长元音和短元音的时长比例以及单词时长和摩拉数目的关系。

Han（1962）发现双辅音和单辅音的时长比例为 2.6:1，她认为这意味着 /kaQta/ 里的 /Qt/ 包含了一个完整摩拉和 /t/ 两部分的时长；而长元音和短元音的时长比例为 2:1 或 3:1，取决于音节是否有辅音开头。Homma（1981）发现双辅音和单辅音前的静音段时长比例在 2:1 和 3.3:1 之间。Campbell（1999）的研究发现双辅音的时长大概是单辅音时长的

3倍，但长元音的时长仅有短元音时长的1.5倍。Arai & Greenberg（1996）的研究得到了和Campbell（1999）类似的结果，这表明长元音并不能单独构成一个摩拉单位的长度。

Homma（1981）发现/CVQCV/和/CVCV/结构的单词时长比例接近3:2，但是他的研究使用的是浊辅音，这在日语中是很少的，不具有代表性。Beckman（1982）和Han（1992）在类似的研究中发现/QCV/和/CV/结构的片段时长比例为1.66:1，而不是2:1。Hoequist（1983）发现/CVN/和/CV/结构的片段时长比例为1.8:1，和西班牙语（音节等长的语言）差别不大；而/CVV/和/CV/结构的片段时长比例为1.7:1，而且/CVN/结构要长于/CVV/结构。Sato（1993）的研究发现日语/CVN/和/CV/结构的时长比例要高于英语但低于韩语。

可见，长元音和短元音时长比例的研究基本都认为长元音的时长不足以单独构成一个摩拉单位，其他通过计算时长比例来检验摩拉等长的研究也并没有得到明确一致的结论。

补偿假设（Han，1962）认为所谓的摩拉等长主要是通过相邻音段的补偿作用来实现的，主要的研究方法是计算邻近部分时长负相关的程度。Port et al.（1980）比较了日语和阿拉伯语辅音前后元音的长度，发现日语中短辅音（/r/）前后的元音要长于长辅音（/t/）前后元音的长度，而阿拉伯语中只有前边的元音才和其后的辅音存在负相关。他认为日语中有时长的补偿作用而阿拉伯语却没有。但是他们所用的阿拉伯语的材料只涉及很少的几个辅音，所以认为阿拉伯语没有补偿作用的结论并不可靠。Otake et al.（1993）的类似研究发现汉语、日语、阿拉伯语和西班牙语中都存在补偿作用。Minagawa-Kawai（1999）发现日语、汉语和韩语辅音及其后的元音时长都存在很强的负相关，不过日语的负相关程度要大于汉语和韩语。但Beckman（1982）指出辅音和相邻元音时长的负相关只是存在于有限的辅音/元音对，而且这种补偿作用大都具有语言普遍性，并不是特定的某种语言所独有，因此不能作为摩拉等长的证据。另外，Nagano-Madsen（1992）对同样被认为是摩拉语言的爱斯基摩语和约鲁巴语进行的研究发现，这两种语言中辅音和前后元音的时长之间并不存在补偿关系。

虽然大部分研究都支持日语中相邻音段的时长存在一定的负相关，

但是并不清楚究竟这种负相关到多大程度才能证明它们之间存在补偿作用。研究也发现类似现象在非摩拉等长的语言中也存在，而在摩拉语言中却不一定存在，所以补偿作用和语言节奏类型的关系并不明确。

此外，与以上大部分研究采用产生任务不同，Kato et al.（1997）进行了感知实验，研究以 /CV/ 结构的四摩拉的单词为材料，分四种条件，即单独改变元音时长、单独改变辅音时长、同时而且向相同的方向改变辅音和元音的时长以及同时但向相反的方向改变辅音和元音的时长，结果发现前三种条件下被试对可接受程度的判断没有差异，但第四种条件下被试对可接受程度的判断显著下降，而且 /CV/ 和 /VC/ 结构之间没有差异。Kato 认为，如果摩拉是一个感知加工中的时间单元的话，从相反的方向改变同一摩拉（即 /CV/ 结构）或不同摩拉（即 /VC/ 结构）中的辅音和元音的时长会导致接受程度的显著不同，但结果却不是这样，因此他认为摩拉并不是感知加工中的时间单元。

五、语言节奏的等时性假设研究小结

可见，从等时性假设出发进行的大量研究并没有找到从节奏的角度对语言进行分类的声学语音学证据，传统上被认为是重音等长、音节等长或者摩拉等长的语言并没有在相应的言语单元的时长模式上表现出明显的差异。如果坚持节奏是语言的重要特征并且可以据此对语言进行分类的话，就必须寻找其他方面的证据（Stockmal et al., 2005）。

第二节　语言的音系特点和语言的节奏

一、语言的音系特点对语言节奏的决定作用

语言节奏的等时性假设在实验研究中并没有得到支持，Bolingger（1982）、Dauer（1983，1987）和 Nespor（1990）等对语言节奏的分类提出了新的观点，他们认为语言节奏并不是一种独立的音系现象，而是诸多音系现象综合作用的结果，这些现象包括音节结构的复杂程度、重音的位置、音节结构和重音的关系，元音和辅音的音质等，其中音节结构的复杂程度和是否存在元音弱化现象起主要作用，比如重音节奏的语

言和音节节奏的语言的差别主要在于前者比后者有更为复杂的音节结构（见图2），有丰富的元音弱化现象等。

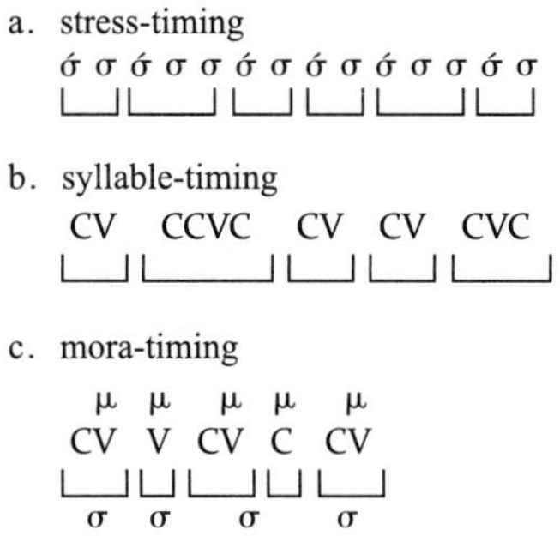

a. stress-timing
ǿ σ ǿ σ ǿ σ σ ǿ σ ǿ σ σ

b. syllable-timing
CV　CCVC　CV　CV　CVC

c. mora-timing
μ　μ　μ μ　μ
CV　V　CV C　CV
　σ　　σ　　σ

图2　语言节奏类型和音节结构的关系（引自 Nespor et al.，2011）

二、语言节奏的声学语音学特征

（一）Ramus 等（1999，2000）的测量方法

Ramus et al.（1999，2000）支持 Dauer（1983，1987）提出的语言的音系特点决定语言节奏特征的观点，但认为仅有音系角度的描述并不能回答为什么人类的听觉系统可以区分不同的语言节奏，也就是说，语言节奏应该有其声学相关物。Ramus 及其合作者提出的测量语言节奏的声学语音学参数分别是%V、ΔC 和 ΔV，它们的具体含义如下：

%V（V 代表元音）是指一个句子中元音部分的时长占句子总时长的比重，也就是句子中全部元音部分的时长之和除以句子的总时长；

ΔC（C 代表辅音）是指句子中全部辅音部分的时长变异；

ΔV（V 代表元音）是指句子中全部元音部分的时长变异。

ΔC 和 ΔV 中的辅音和元音时长不是只局限于音节范围之内，而是可以跨音节，比如英语片段"next Tuesday on"（用国际音标转写是/nɛkstjuːzdeiɔn/），辅音部分和元音部分的标注如下：/n//ɛ//kstj/u:/zd//eiɔ//n/，ΔC 计算的是 /n//kstj//zd//n/ 的时长变异，ΔV 计算的是 /ɛ//u:/ /eiɔ/ 的时长变异。

Ramus et al.（1999）认为%V、ΔC 和音节结构的复杂程度有关，音节结构越复杂，复辅音的种类就越复杂，从而导致辅音的时长变异也就越大；同时，辅音时长比元音时长的比值就越大，元音部分所占的比重也就越小（即 %V、ΔC 之间存在明显的负相关）。而 ΔV 则和语言的很多音系特征有关，比如英语、荷兰语和加泰罗尼亚语等语言中的元音弱化，日语和芬兰语等语言中的长短元音的对立，英语中松紧元音的区别等。

英语、荷兰语等传统上被认为是重音节奏的语言有最为复杂的音节结构（音节类型都在十五种以上），有丰富的元音弱化现象（重读和非重读音节使用不同的元音系统），法语等传统上被认为是音节节奏的语言的音节结构相对简单（比如不允许存在 /CCVCC/ 的音节结构），也没有元音弱化现象，而日语的音节结构则更为简单（只有四种音节类型），也没有元音弱化的现象，因此英语、荷兰语等居于 %V 和 ΔC 所界定的节奏类型的一端，日语居于另一端，法语等语言则处于中间位置。

（二）Low（2000）和其他人提出的语言节奏测量方法

Low（2000）在 Ramus et al.（1999，2000）研究的基础上提出了自己的测量语言节奏的声学语音学指标，即成对变异指数（Pairwise Variability Index，简称为 PVI）。PVI 是指句子中相邻音节元音部分两两之间的时长差异之和，计算公式为：

$$PVI = 100 \times \left[\sum_{k=1}^{m-1} \left| \frac{d_k - d_{k+1}}{(d_k + d_{k+1})/2} \right| / (m-1) \right]$$

后来 Low 又把 PVI 发展为 nPVI 和 rPVI，分别计算相邻音节元音和辅音的时长变异。Low 的 nPVI 和 rPVI 类似于 Ramus 的 ΔV 和 ΔC，反映的都是辅音和元音的时长变异，其差别在于 nPVI 和 rPVI 反映的是辅音和元音时长"局部"的模式特点，而 ΔV 和 ΔC 反映的则是辅音和元音的"整体"模式。但是 Ramus 认为最重要的 %V 在 Low 的指标里并没有相应的参数与之对应。Low（2000）认为 nPVI 和 rPVI 比 ΔV 和 ΔC 能更准确地反映语言的节奏，因为前者可以克服由于语速的差异带来的影响。比如两种语言的元音时长模式分别为：连续的较短的元音后接连续的较长的元音和短、长的元音时长模式交替出现，它们的时长变异应该是相同的，但是它们的节奏模式显然是完全不同的：前者更像是音节节奏的语言，因为相邻元音的时长是相同的，而两种不同的时长可能是语速的差异造成的；后者则更像是重音节奏的语言（见图

3）。实际上，Low 的方法并不能完全克服语速的差异对节奏特征的影响（Barry et al., 2003）。

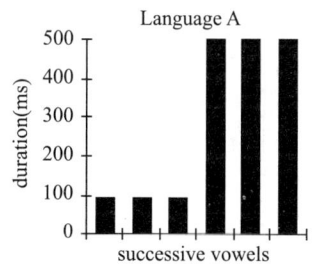 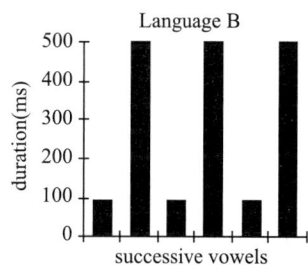

图 3　PVI 测量方法示意图（引自 Low et al., 2000）

作为辅音和元音的时长变异，ΔC 和 ΔV 毫无疑问会受到语速的影响，它们和语速之间存在一定的反比关系（Lee et al., 2004），这也是 Ramus 及其合作者的系列研究中都要严格控制语速（以每秒的音节数作为指标）的原因。但是在很多情况下，材料的语速并不能很好地匹配，这大大限制了 ΔC 和 ΔV 的应用。为了弥补这一不足，Frota & Vigário（2001）、Ferragne & Pellegrino（2004）和 Dellwo（2006）分别提出了语速归一化的 ΔC 和 ΔV，即 VarcoC、VarcoV 和 $\Delta\%C$ 和 $\Delta\%V$。VarcoC 和 VarcoV 的计算方法为 ΔC 和 ΔV 分别与辅音和元音时长平均值的比值乘以 100，$\Delta\%C$ 和 $\Delta\%V$ 的计算方法为辅音和元音时长占句子时长比重的变异。White & Mattys（2007）对测量语言节奏的各个声学语音学指标及其相互关系进行了系统研究，发现在严格控制语速的情况下，%V、ΔC 和 ΔV 可以很好地反映不同语言之间、同一语言内不同方言之间以及母语者和第二语言学习者之间的节奏差异，而在不控制语速的情况下，%V、nPVI、VarcoV 和 $\Delta\%V$ 是更有效的指标。

第三节　Ramus 测量语言节奏的声学语音学方法的实验证据

一、从语言产生看语言的节奏分类

Ramus 及其合作者（1999，2000）根据他们所提出的声学语音学方法，通过产生任务考察了八种语言的节奏特征，结果发现这些语言在以 %V、ΔC 和 ΔV 所界定的节奏类型的分布上非常符合传统观点对其节奏特点的认识。

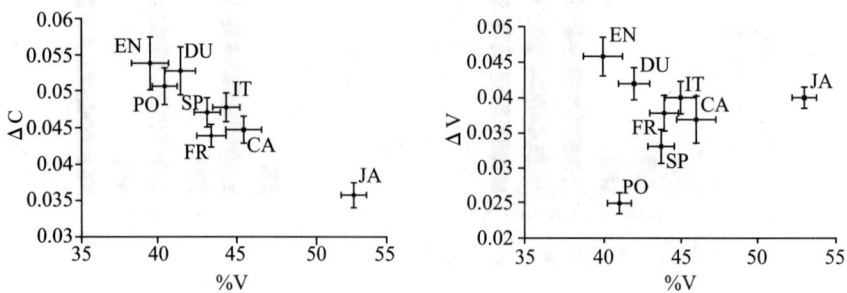

图 4　八种语言的节奏类型图（引自 Ramus et al., 1999）

（图中的八种语言分别是英语 -EN、荷兰语 -DU、波兰语 -PO、西班牙语 -SP、意大利语 -IT、加泰罗尼亚语 -CA、法语 -FR 和日语 -JA）

可以看到，无论是 %V、ΔC 还是 %V、ΔV 所界定的节奏类型的分布，六种语言明显地聚合为三种节奏类型，即：重音节奏的英语和荷兰语，音节节奏的法语、意大利语和西班牙语，摩拉节奏的日语。加泰罗尼亚语和波兰语被认为是中间类型（Nespor, 1990），因为前者音节结构简单但存在元音弱化的现象，而后者恰恰相反。但是无论从左图还是右图看，加泰罗尼亚语都和音节节奏的语言聚合在一起，这是因为加泰罗尼亚语中存在的元音弱化现象是很弱的，不足以改变总体的节奏特征，而波兰语却不同，从左图看，它和重音节奏的语言聚合在一起，但从右图看，它不和任何语言聚合而形成了一种独立的节奏类型。

在 Ramus 提出新的测量语言节奏的声学语音学方法以后，陆续有研究者考察了阿拉伯语（Hamdi, 2001; Ghazali et al., 2002）、葡萄牙语（Frota & Vigário, 2001）、泰语（Grabe & Low, 2002）、韩国语（Hwan, 2004）、荷兰语（White & Mattys, 2007）、意大利语（Russo & Barry, 2008）和西班牙语（Nolan & Asu, 2009）等语言的节奏特征，这些语言在 %V、ΔC 和 ΔV 所反映的节奏类型上的分布也非常符合传统观点对其节奏特点的认识，为 Ramus 的观点提供了有力的支持。

二、节奏感知的实验证据

根据 %V、ΔC 和 ΔV 所界定的语言节奏分类是否真实地反映了语言的节奏特征还必须得到感知实验的支持,也就是说人们能够仅仅依靠这些参数所界定的节奏信息对语言的类型做出感知判断。

(一)新生儿和婴儿的节奏感知

很早就有证据表明婴儿能对来自不同语言的话语做出反应,但解释却各不相同:有的观点认为婴儿具有识别母语的能力,因此能把来自母语和外语的话语区别开来(即母语识别假设,native language recognition hypothesis),该观点得到很多实验研究的证实(Bahrick & Picken,1988;Mehler et al.,1988;Moon et al.,1993);而有的观点则认为婴儿具有区别所有语言的能力,因此不但能区别来自母语和外语的话语,而且能区别都是来自外语的话语(即普遍语言识别假设,general language discrimination hypothesis),比如 Mehler & Christophe(1995)发现母语为英语的婴儿能把来自英语和意大利语的话语区分开来。

但是支持上述两个假设的实验研究涉及的语言都来自不同的节奏类型,比如英语和西班牙语(Bahrick & Picken,1988)、英语和意大利语(Mehler et al.,1988)等。所以这些实验的结果完全可以用另外一个假设即节奏识别假设(rhythm-based language discrimination hypothesis)来解释。节奏识别假设认为婴儿只能区分来自不同节奏类型的话语而不能区分来自同一节奏类型的话语。

Nazzi et al.(1998)的研究采用"习惯化——去习惯化"的模式分别考察了法语家庭背景下的新生儿对英语—日语、英语—荷兰语句对的感知,实验材料用低通滤波的形式进行了处理,降低了和音段有关的信息而保留了原句的韵律信息。结果发现婴儿能够区别来自不同节奏类型的语言(英语—日语),但不能区别来自同一节奏类型的语言(英语—荷兰语)。特别有趣的是他们的实验还使用了来自相同或不同语言节奏类型的句对("英语+荷兰语""意大利语+西班牙语""英语+意大利语"和"荷兰语+西班牙语"),结果发现婴儿只能区别"重音节奏+重音节奏/音节节奏+音节节奏"的句对,而不能区别"重音节奏+音节节奏/重音节奏+音节节奏"的句对。Nazzi的研究为节奏识别假设提供了重要的实验证据。

但是Nazzi et al.（1998）以及其他关于婴儿节奏感知的实验实际上并不是只考察了节奏的作用，最大的问题在于他们并没有把音高信息和节奏的作用区别开来。实际上，婴儿语言感知的研究很早就发现新生儿对韵律是十分敏感的，但强调的也主要是音高信息而非节奏的作用（Spring & Dale，1977；Karzon & Nicholas，1989；Cutler et al.，1993，1996）。为了解决这个问题，Ramus（2002）的研究使用语音合成的方法考察了在分别排除音素之间的组合关系和音高模式的作用后，语言节奏在婴儿言语感知过程中的独立作用。

实验一使用的是荷兰语和日语的自然话语，结果发现新生儿不能做出区分，因为其中包含了太多的变量，比如发音人的差异、音素的组合关系以及音高模式和节奏的信息等，而有研究发现发音人的差异对婴儿的语言区分有很大的干扰作用（Jusczyk，1992）。

实验二用音素替换的方法对自然语句进行了处理，用/s/代替了全部擦音，用/a/代替了全部元音，用/l/代替了全部流音，用/t/代替了全部塞擦音，用/n/代替了全部鼻音，用/j/代替了全部滑音，重新合成了/saltanaj/的材料，这样的材料包含了节奏、音高模式和广义上的音素之间的组合关系等信息，结果发现新生儿能够把这两种语言区别开来。

实验三用合成的音高模式代替了原有模式，用/s/代替了全部辅音，用/a/代替了全部元音，这样就仅保留了节奏信息，结果发现新生儿不能对这两种语言做出区分，但是并不能据此就做出新生儿不能依靠节奏信息对语言进行区分的结论，因为也可能是材料本身的特点造成的，比如合成的材料都是/sasasa/的模式，这并不像语言材料，而且人工音高模式也过于呆板，对新生儿而言可能过于枯燥。

实验四重新使用了/saltanaj/材料，结果发现新生儿能够把这两种语言区别开来，尽管效果比实验二要弱。

Ramus（2002）的实验证明了新生儿能够只依靠节奏特征而不是音高模式把不同节奏类型的语言区别开来。新生儿不具有任何的语音和音系知识，显然这种区分只能是在听觉的层面上基于声音信号的声学特征做出的。

（二）成人的节奏感知

和新生儿不同的是，成人能够利用各种可能的信息对来自两种语言的语句加以分类，要考察节奏的独立作用就必须把其他因素的作用排除掉。Bond & Fokes（1991）的研究采用增加噪音的方法来降低非韵律信息的影响，Den Os（1988）、Dehaene-Lamberts（1995）和 Nazzi et al.（1998）采用了低通滤波的方法，De Pijper（1983）、Maidment（1976，1983）和 Williems（1982）则是直接产生和原句相同的 F0 曲线来考察音高信息的作用，Ramus 的系列研究（1999，2002，2003）采用了语音合成的方法分别对音素和音高曲线进行了操纵。在这些研究中，只有 Den Os（1988）和 Ramus（2002，2003）的研究所使用的方法能够获得包含单纯节奏信息的材料，前者使用的是 LPC 合成（F0=100 赫兹）加低通滤波（180 赫兹）的方法，后者主要是使用音素和 F0 代替的方法。但是 Den Os（1988）的研究向被试提供了实验材料的文本以及其他一些信息，所以不能保证被试完全是依靠节奏信息对荷兰语和意大利语做出区分的。

Ramus et al.（1999，2003）的研究发现成人被试能仅仅依靠节奏信息成功地区分英语—日语、英语—西班牙语、英语—波兰语、西班牙语—波兰语、加泰罗尼亚语—英语和波兰语—加泰罗尼亚语，但是不能区分英语—荷兰语、加泰罗尼亚语—西班牙语，区分实验的结果与他和合作者提出的 %V、ΔC、ΔV 所界定的语言节奏类型完全相符。

（三）动物的节奏感知

Ramus et al.（2000）用自然和合成的日语和荷兰语的语音材料研究了绢毛猴对语言节奏的感知，结果发现：绢毛猴能够区分日语和荷兰语的自然语句，这一点和新生儿是不同的；绢毛猴能够区分合成的日语和荷兰语的语句（即/saltanaj/形式的语音材料），这和新生儿的结果类似；绢毛猴不能对反着播放的日语和荷兰语的语句做出区分，这也和新生儿的模式一致。综合这些结果，Ramus 认为绢毛猴也能够从语音材料中抽取出足够的信息对语言的节奏做出判断，但是绢毛猴并不具备加工语言的能力，这说明这种机制和能力并不是人类特有的，而可能是灵长类动物共同具有的听觉系统的功能；而绢毛猴和新生儿对自然话语加工的差异表明二者对语音材料中不同信息的敏感程度可能存在不同。

Tincoff et al.（2005）的研究采用了和 Ramus et al.（2000）研究相同的范式，但语音材料增加了英语和波兰语，人类被试从新生儿换成了 5 个月大的婴儿。结果首先进一步证实了 Ramus（2000）的发现，即绢毛猴能够感知语言的节奏信息，它们能够区分不同节奏类型的语言（波兰语—日语），但不能区分相同节奏类型的语言（英语—荷兰语）。研究还发现绢毛猴的反应模式和新生儿的模式相似而不同于 5 个月大的婴儿，这说明绢毛猴基于节奏信息对语言加以区分的能力不会被经验改变，也进一步证明了对节奏信息的加工可能是灵长类动物所共有的非语言特定性的听觉系统功能。

另外，还有研究（Toro et al.，2003，2005）发现训练过的老鼠同样能区别正常播放的日语和荷兰语的语句但不能区别反着播放的语句，这说明老鼠也具有基于节奏信息区分语言的能力，Ramus et al.（2000）和 Tincoff et al.（2005）所认为的对节奏信息的加工是灵长类动物所具有的能力的观点，应该修正为是哺乳动物所共有的非语言特定性的听觉系统功能。

（四）对压缩言语（compressed speech）的感知实验研究

关于语言节奏分类的另一个重要证据是对时间上压缩了的言语感知的研究。Mehler et al.（1996）发现对压缩过的从来没有接触过的外语语句的适应会提高对压缩了的母语语句的理解。Pallier et al.（1998）发现母语为西班牙语的被试对压缩了的加泰罗尼亚语语句的适应会提高对压缩的母语语句的理解，而母语为英语的被试对压缩了的母语语句的理解则可以从对压缩的荷兰语语句的适应中获得提高。西班牙语传统上被认为是音节节奏的语言，而加泰罗尼亚语根据 Ramus（1999，2003）的研究也属于音节节奏的语言。Sebastian et al.（2000）的研究发现压缩语句的适应对另一种语言理解的促进只能发生在同一节奏类型的语言之间，而不会发生在不同节奏类型的语言之间。

三、支持 Ramus 测量语言节奏的声学语音学方法的其他证据

Ramus et al.（1999，2000）提出的测量语音节奏的声学语音学参数

是以辅音和元音（特别是元音）的时长变化为基础的，研究发现辅音和元音在言语的感知和产生过程中有不同的机制，而时长信息在言语的理解和产生过程中也承担着重要的作用。另外，来自语言识别和基于神经网络模型对新生儿节奏识别的计算机模拟也为此提供了重要的证据。

（一）辅音和元音在言语感知中的不同地位

从声学语音学的角度来看，元音和辅音有不同的声学特征，它们的响度存在很大差异，元音负载了大部分的能量，比辅音听起来要响亮。研究发现婴儿对言语的感知是以元音为中心的（Bertoncini et al., 1988），他们能够数出单词中的音节（元音）数目（Bertoncini et al., 1981，1995；Van Ooyen et al., 1997）。Mehler et al.（1996）提出的"时间——强度格栅表征理论"（Time-Intensity Grid Representation）认为婴儿可能是把连续的语流感知为一系列时长和强度不等的元音，中间夹杂了未被分析的噪音（辅音）。Bertoncini et al.（1995）发现新生儿能够区分 /CVCVCV/ 的三音节和 /CVCV/ 的两音节结构，但是不能区分 /CVCV/ 和 /CVCCV/ 的两音节结构。

同时，来自成人脑损伤病人（Caramazza et al., 2000；Ferreres et al., 2003）脑成像（Sharp et al., 2005；Carreiras & Price, 2008）的实验证据以及计算机模拟（Monaghan et al., 2003）的结果也支持辅音和元音有不同的表征和加工机制的观点。

（二）言语感知和产生过程中的时长信息

Demany et al.（1977）发现 2—3 个月的婴儿就能区分时间组织不同的纯音序列，Fowler et al.（1986）发现 3—4 个月的婴儿就能区别感知中心（P-center）是否等时的音节序列。

对脑损伤病人和正常成人的研究发现，对言语中时长信息的加工至少涉及左脑额叶、基底节和小脑等脑区。Canter & Van Lancker（1985）发现基底节损伤的病人在语言产生任务中辅音和元音的时长关系会出现扭曲，从而严重影响其言语的可理解程度。Breitenstein et al.（2000）发现患帕金森症的病人会过短地估计时间的长度，而且常常出现语速过快的情况。Hartelius et al.（2003）发现小脑损伤的病人不能恰当地缩短非重读音节的时长，从而出现所谓的"扫描式言语"（scanning speech）。

（三）节奏和语言识别

Pellegrino & Andre-obrecht（2000）和 Rouas et al.（2005）进行了基于节奏信息的语言自动识别研究。他们用假音节（pseudo-syllable）的概念概括了 Ramus 的理论，即 $P_{CCV.} = \{D_C\ D_V\ N_C\}$，其中的 D_C 代表辅音部分的时长，D_V 代表元音部分的时长，N_C 代表辅音的数目，实际上反映的就是 %V、ΔC 和 ΔV。模型的基本结构见图5：

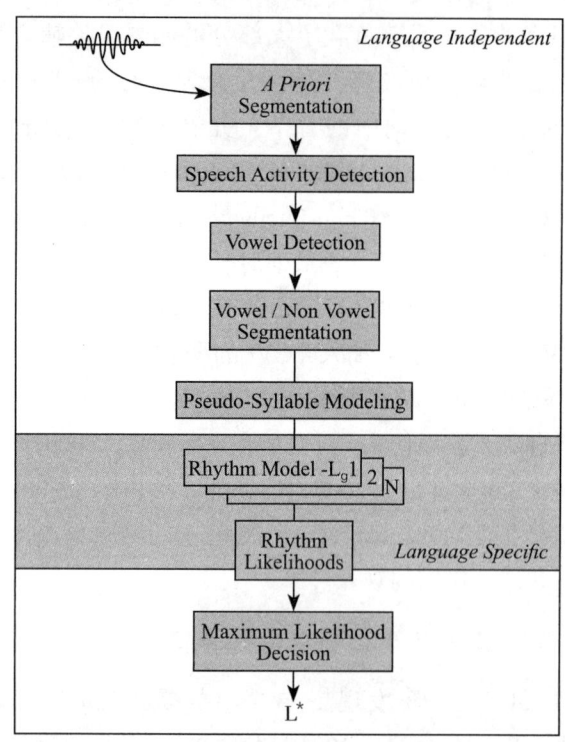

图5 基于节奏特征的语言识别模型（引自 Rouas et al.，2005）

Rouas et al.（2005）考察了模型对英、法、德、意和西班牙语的识别，结果发现：只有 $D_C + D_V + N_C$ 三个参数的情况下，识别的正确率达到了 70%；而增加了音强的参数后，即 $D_C + D_V + N_C + E$，识别的正确率略有提高，达到了75%，但是在增加了音高的参数后，正确率为69.4%，并没有明显变化。这也说明 Ramus 提出的声学语音学参数在很大程度上反映了语言的节奏差异。

（四）对新生儿节奏识别的计算机模拟

Dominey et al.（2000）提出了一个节奏识别的神经网络模型，即 TRN（temporal recurrent network）模型，以此来解释新生儿的节奏识别机制，模型的基本结构见图 6：

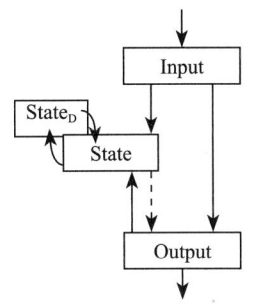

图 6　节奏识别的神经网络模型（引自 Dominey et al., 2000）

该模型以状态表征和联想学习为基础，Dominey et al.（2000）利用该模型对 Nazzi et al.（1998）的实验结果进行了模拟，得到了和行为实验一致的结果（图 7）。模型可以区别来自不同节奏类型的语言，但不能区别同一节奏类型的语言，在语言的时间结构特征方面，表现出了和新生儿相似的敏感程度。

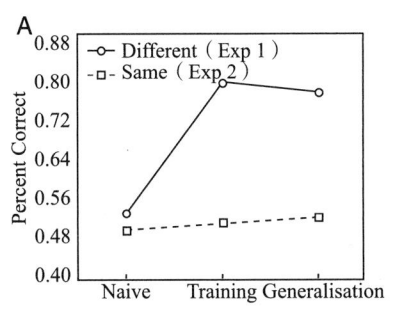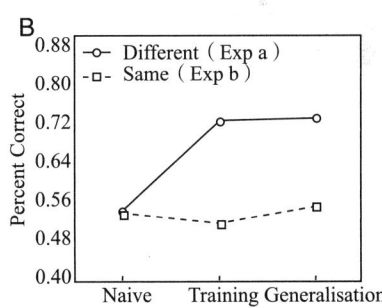

图 7　Dominey et al.（2000）的模拟实验结果

（五）语言节奏类型对音乐节奏的影响

语言和音乐有很多共性，它们都是声音信号的时间序列。很早就有研究者认为音乐节奏会受到作曲家母语节奏类型的影响（Abraham，1974；Wenk，1987），但一直缺乏实验证据的支持，主要原因在于缺乏对语言和音乐节奏加以量化的工具。Ramus et al.（1999）和

Low et al.（2000）提出的测量语言节奏的声学语音学方法解决了这一问题，Patel & Daniele（2003）和 Sadakata et al.（2004）利用 Low et al.（2000）的声学测量方法研究了母语为英语、法语以及日语的现代作曲家所创作的器乐曲（研究者认为声乐受到母语节奏特点的影响是可以预见的，因此研究中使用的材料只是器乐曲）在节奏上的差异，结果发现母语为英语的作曲家所创作的乐曲 nPVI 的值要高于母语为法语和日语的作曲家。Patel 和 Daniele（2003）认为，人类的感知系统对语言的节奏是很敏感的，而为了成功地获得母语就必须把母语的节奏内化，作曲家也不例外，当他们创作音乐的时候就会不自觉地受到母语节奏的影响。

四、Ramus 测量语言节奏的声学语音学方法的实验证据小结

从言语产生的角度来看，研究者根据 Ramus et al.（1999，2000）提出的声学语音学测量方法考察了不种语言的节奏，结果发现这些语言在以 %V、ΔC 和 ΔV 所界定的节奏类型的分布上非常符合传统观点对其节奏特点的认识。

来自言语感知和识别等方面的证据也都支持基于节奏特征对语言进行分类的观点，而且进一步证明了 Ramus et al.（1999，2000）提出的 %V、ΔC 和 ΔV 等声学语音学参数确实反映了语言节奏的主要信息，用这些参数考察语言的节奏特征是可行的。

第四节　节奏和语言获得

一、对语言节奏的敏感和母语的获得

对连续的语流进行切分是婴儿语言获得的一个重要步骤，在这个过程中，婴儿可以利用各种不同的声学语音学信息，这些信息主要包括音位变体信息、音位的组合关系信息和音节的轻重信息等。研究发现婴儿在 7.5 个月的时候，对音节的轻重信息开始变得敏感，表现出对在英语中占大多数的重轻型的音节组合模式的偏好（Jusczyk et al., 1993; Turk et al., 1995）；在 6—9 个月的时候，对音位的组合信息开始比较敏感，表现出对合法的、常常组合在一起的音素的偏向（Friederici &

Wessel, 1993; Mattys & Jusczyk, 2001); 在 10.5 个月的时候对音位变体信息变得比较敏感, 比如他们能区分开"nitrate"和"night rate"(Hohne & Jusczyk, 1994)。

大量以英语为母语背景的婴儿言语感知研究都发现了音节的轻重信息在语流切分过程中的重要作用，但是和成人不同的是，婴儿还不具有关于自己母语的任何知识，也就是说他们不可能预先知道这种语言主要是重轻型的还是轻重型的，他们一定是"发现"了独立的关于语言节奏的信息并将其应用于语流切分而不是相反的情况，即存在一个韵律引导（prosodic bootstrapping）的过程（Gleitman & Wanner, 1982; Mazuka, 1996; Nazzi et al., 1998）。Mehler et al.（1996, 2004）认为婴儿对音节轻重的敏感来自于更早时候对语言韵律或者更准确地说是语言节奏的敏感。也就是说，婴儿对句子水平上的语言节奏的敏感使他们能够确定母语的节奏类型，并进而发展起合适的语流切分策略。这也可以使他们能够更精细地分析母语的节奏特征，从而提高对母语和其他语言的分辨能力（Tincoff et al., 2005）。一些实验研究已经发现新生儿并不能对非句子水平上的有不同数量的节奏单元做出反应：Van Ooijen et al.（1997）发现新生儿不能从一系列的轻重型的音节中识别出重重型的音节；Bertoncini et al.（1995）也发现新生儿不能对音节数量相同而摩拉数不同的刺激做出反应。这说明，和成人模式不同，婴儿最早对节奏的感知可能只是句子水平上的，而这种句子水平的节奏和语言特定的音节结构与复杂程度密切相关，这有利于婴儿获得语言中某些重要的音系特征和特定的节奏单元。

乔姆斯基的参数设置理论（Principle & Parameters, Chomsky, 1981）和优选论（Optimality Theory, Prince & Smolensky, 1993）分别用二元参数和标记性来表示音节结构的复杂程度，根据参数设置理论，三种节奏类型的语言的音节结构可以分别表示为 [-Complex Onset][-Complex Coda]、[+Coda] [+Complex Onset] 和 [+Complex Onset][+Complex Coda]。根据优选论，三种节奏类型的语言音节结构可以分别表示为 [No Complex Onset, No Complex Coda >> Fill, Parse]、[Fill, Parse >> No Complex Onset, No Coda] 和 [Fill, Parse >> No Complex Onset, No Complex Coda, No Coda]。毫无疑问，婴儿对节奏信息的敏

感能够使他们进行参数的设定并获得参数之间相互制约关系的信息，从而获得音节结构的音系特征和特定的节奏单元。

二、母语节奏特征的获得

基于节奏特征对语言类型做出区分是新生儿与生俱来的能力，而且这种感知能力的发展和其他语言感知能力的发展类似，即由带有语言普遍性的能力向和语言经验密切相关的能力过渡。研究发现 5 个月的婴儿就能把母语和母语节奏类型相同的语言区分开来，这表明 5 个月的婴儿在感知的层面已经成功获得了母语的节奏特征（Nazzi et al., 2000）。但是能够在感知的层面区分某些语音特征并不意味着在言语产生时必然能够把这些特征区分开来，二者在获得年龄上可能存在很大的差异（Vihman et al., 2007），这一规律可能同样适用于语言节奏特征的获得。因此，本研究所涉及的儿童语言节奏特征的获得是指言语产生时，儿童表现出和成人一致的模式。

和大量音段特征的获得研究相比，包括语言节奏在内的儿童韵律特征获得方面的研究还很少，所涉及的语言也非常有限。在语调获得方面，传统观点认为婴儿在前语言阶段就已经成功获得了母语的语调模式（Crystal, 1979; Ingram, 1989），这样的观点实际上是把婴儿对韵律信息的敏感和能够产生某些音高模式同语调系统的完全获得等同起来，因而受到越来越多研究的质疑。近期的研究则发现前语言阶段的婴儿虽然能够感知和产生某些语调模式，但常常不能正确理解它们的含义，比如英语和日语儿童分别直到 5 岁和 6 岁后才能正确区别不同重音模式的意义（Cruttenden, 1985; Well et al., 2004; Ito et al., 2012），而儿童直到 10 岁时在理解某些情绪语调（emotional prosody）的意义时仍然存在很大的困难（Emerson et al., 1999）。在言语产生方面，研究发现与成人主要依靠音高信息标记陈述/疑问语气不同，4 岁的英语儿童主要依靠句末音节的时长信息，7 岁儿童则综合运用音高、时长和强度等多种信息，11 岁的儿童才表现出和成人类似的模式（Patel & Grigos, 2006; Patel & Brayton, 2009）。

因为缺乏相关的测量方法，相对于语调研究，节奏获得方面的研究更少，直到最近几年，才有研究利用 Ramus et al.（1999）和 Low et al.（2000）提出的测量方法考察了儿童的节奏获得。Payne et al.（2011）对 2 岁、4 岁和 6 岁的英语、加泰罗尼亚语和西班牙语儿童的研究发现，尽管三个年龄组的儿童在 2 岁时都已经表现出了各自母语的节奏特征，但直到 6 岁还和成人言语的节奏特征存在显著差别。Grabe et al.（1999）、Whitworth（2002）、Bunta & Ingram（2007）和 Mok（2011）的研究分别考察了不同年龄的单语和双语儿童（英法双语、法德双语、英西双语、英粤双语）的节奏习得，发现语言节奏的获得年龄和节奏类型密切相关：音节节奏最容易也最早获得，4.5 岁的法语单语儿童就表现出了和成人类似的节奏模式；而重音节奏则较难、较晚获得，英语和德语儿童甚至要到 10—11 岁才能完全获得母语的节奏特征。他们从优选论的标记性观点出发来解释不同节奏类型获得的年龄差异：音节节奏标记性最弱，是语言节奏的默认状态，而重音节奏标记性强，其获得需要额外赋值。

三、第二语言节奏特征的获得

第二语言习得研究发现成人的第二语言学习者采用和母语的节奏类型相适应的策略对外语进行切分（pre-lexical segmentation），即：以法语为母语的学习者依靠音节，以英语为母语的学习者依靠重音，而以日语为母语的学习者则依靠摩拉，即便是第二语言已经达到非常熟练程度的学习者也是如此（Cutler et al., 1986; Otake et al., 1993）。这说明节奏可能是具有语言特定性的重要特征，在很早的时候就已经获得，而且影响到以后的第二语言学习。

第二语言的语音习得研究是第二语言习得研究和语音学研究共同关注的一个重要领域，被称为"中介语音系"（interlanguage phonology）。目前，第二语言的语音习得研究主要关注的是音段特征和声调（对汉语而言）的习得，比如对日本和韩国的英语学习者习得英语音素 /l/ 和 /r/ 的研究（Lively et al., 1994; Flege et al., 1996）、对英国和美国等非声调语言的汉语学习者习得汉语声调的研究（Wang et al., 1999, 2003）等。研究表明母语的音位系统和区别性特征会影响到第二语言的语音习得，但是对于韵律的习得研究还很少，尽管语调和节奏等韵律特征对能否成功习得第二语言的语音至关重要，因为它们常常是判断第二语言是否具有外语口音的重要标志（Wang，1999；Mareüil, P. & Vieru-Dimulescu，2006）。

在语调方面，研究发现以法语为母语的英语学习者即使水平很高时也很难成功习得英语的重音模式（Herry & Hirst，2010）；母语为汉语的英语学习者在习得英语的疑问语调时存在很大困难（Couper-Kuhlen & Selting，1996）；母语为斯洛伐克语的英语学习者的音高模式和英语母语者之间存在很大差异（Timková，2000）。

在 Ramus et al.（1999）和 Low et al.（2000）等研究者提出测量语言节奏的声学语音学方法后，有研究开始关注第二语言学习者节奏特征的习得。Low et al.（2000）和 Jian（2004）分别考察了新加坡英语和台湾人说英语的节奏特征，结果发现第二语言的节奏受到母语节奏的影响而在很大程度上保存了母语的节奏特征，即新加坡英语和台湾人说英语更接近汉语的节奏特征而不是重音节奏的语言（严格说来，新加坡英语不应该算是第二语言，应该算是英语的一种变体，但从历时的角度看，它的形成很大程度上受到了汉语普通话或者方言的影响，这和台湾人说的英语在本质上是一致的）。Stockmal（2005）发现母语为俄语的较高水平的拉脱维亚语学习者和拉脱维亚语母语者的节奏特征较为接近，而较低水平的学习者相对于较高水平的学习者更多地保留了母语的节奏特征，这又说明在一定程度上，第二语言的节奏是可以获得的。White & Mattys（2007）从方法学的角度对已经提出的语言节奏的测量指标进行了综合考察，认为在控制语速的情况下，%V 和 ΔV 是最能够反映第二语言节奏特征的测量指标，而在不控制语速的情况下，%V 和 VacroV 则更能准确反映第二语言学习者和母语者言语的节奏差异。

第五节 母语语音特征对言语和非言语信息加工的影响

一、母语语音特征对言语和非言语信息感知的影响

近年来，母语经验对非言语信息加工的影响开始受到研究者的关注。传统观点强调语言加工的"模块化"，即言语和非言语信息的加工分别由相对独立的系统完成（Chomsky，1980；Fodor，1983），近期的

研究却发现母语的语音特点和语音经验可以"迁移"到非言语信息的加工上。Bent et al.（2006）和 Luo et al.（2007）发现在区分正弦波信号的音高和长短时，汉语和英语母语者并没有表现出明显差异，但在识别信号的升降模式时两组被试却表现出了明显不同：相对于英语被试，汉语被试更倾向于把斜率较小的音高变化识别为平调而非降调。他们认为汉语被试的反应模式明显受到了母语声调系统的影响：汉语的升调和降调在音高曲线的斜率上存在明显不同，升调的斜率要大大小于降调的斜率，因此汉语被试会对升调和降调的判断采用不同的标准，即较小的斜率变化就会被判断为升调，而只有较大的斜率变化才会被识别为降调。对语音组织结构（phonotactics）响度原则的研究也证实了语言经验对非言语信息加工的影响。所谓响度原则是指在音节内部的组织结构上，响度低的音素应该出现在响度高的音素之前，以英语这样允许存在复辅音的语言为例，擦音一定出现在塞音之前而非其后，而塞音也一定出现在近音之前，比如 /skript/ 的音节结构就符合这样的原则。Bent et al.（2010）对英语和俄语母语者的研究发现，对非言语信号组织模式的感知不但受到具有语言普遍性的响度原则的制约，也受到母语音节组织结构的影响。而较早的一项脑磁图（MEG）研究则发现在感知频率为1000赫兹的纯音刺激下，德语母语者比芬兰语母语者在左侧和语音加工密切相关的听觉皮层产生了更强的激活，研究者认为这主要是因为德语比芬兰语有更为复杂的元音系统，因而各个元音之间的区分（主要由第一和第二共振峰 F1/F2 界定的频谱模式决定）需要更加细微的频谱模式识别，这种语言经验使得德语母语者在大脑的频率加工方面具有一定的优势，这种优势影响到了非言语信号的加工（Salmelin et al.，1999）。这些研究都表明母语的语音特征会对非言语信号的感知产生重要影响，作为语言韵律的重要组成部分，母语的节奏类型和节奏特征会对非言语信息的感知产生什么样的影响还很少有研究涉及，对这一问题的深入探讨有助于加强对言语和非言语信息加工关系的理解，从而对语言加工的模块化观点和相互作用观点有更为深入的认识。

二、节奏耦合研究

所谓节奏耦合（entrainment）是指在一边听声音刺激一边敲击或者

拍打时，人会自然而然地"寻找"声音信号中的规则性，从而使敲击、拍打和声音的规则性保持一致。音乐是最典型的例子，人们的肢体运动总是力图和音乐的节拍保持同步。这其中，节拍的强弱交替和时长的一致性具有决定性作用。日常交际的自然言语（不同于儿歌、童谣等）和音乐有很大的不同，缺乏音乐的节拍，但在某些情况下仍然具有节奏耦合的特点（Cummins & Port, 1998）。既然语言存在节奏特征和节奏类型的差异，那么不同语言的节奏耦合也就应该具有不同的特点，这是以前的研究很少涉及的。反过来说，这也可以为语言的节奏分类提供新的证据。

第六节 节奏和韵律加工的神经机制研究

人们对于语言加工的认知心理和神经机制的关注可以追溯到19世纪后半叶，通过对脑损伤病人的研究，发现了额叶的布洛卡区和颞叶的威尔尼克区等脑区在语言理解和言语产生中的重要作用。早期的研究大多集中在句法和语义方面，语音方面的研究比较少，所关注的也主要是音段特征，而对于节奏和语调等韵律信息加工的认知心理和神经机制的研究主要是从20世纪80年代开始的。

一、语言韵律加工神经机制的早期研究

早期研究关注的主要问题是韵律加工的大脑偏侧化。传统观点一直认为左脑是语言加工的优势半球，这一观点自Broca于1865年提出以来已经被大量研究证实，音段、语义和句法的加工确实具有左脑优势，但也有研究发现某些韵律特征的加工具有右脑优势，这就和语言加工的"左半球优势论"产生了冲突（Ivry, 1998），因而对于语言韵律加工的大脑偏侧化研究对深入揭示大脑的语言机能就具有特殊的重要意义。这一时期关于言语加工大脑偏侧化机制的多个理论相继提出，这些理论主要可以分为功能取向和声学信息取向两种类型。功能取向的理论认为偏侧化由声音信号的功能决定：左脑加工具有语言学意义的声音信息（如音段音位、声调和句调等），而右脑则加工和情绪有关的声音信息（也

被称为情绪韵律 emotional prosody)(Van Lancker, 1980)。声学信息取向的理论则认为偏侧化由声音信号的物理属性决定,而不同的理论对于什么类型的信息分别由左脑和右脑加工又存在不同的看法:有的理论认为,左脑负责加工快速变化的信息(如标志辅音是否送气的嗓音启动时间 voice onset time,即 VOT),右脑则负责加工慢速变化的信息(如声调和语调的主要声学相关物基频,即 F0);有的理论则认为左脑负责加工时长信息(如嗓音启动时间 VOT),右脑负责加工频率信息(如基频 F0);还有理论认为左脑负责加工高频信息(如反映辅音发音部位的共振峰过渡段的频率轨迹 formant transition),右脑则负责加工低频信息(如基频 F0)(Wong, 2002)。在研究方法上,早期研究主要采用对脑损伤病人的观察和双耳分听实验等传统方法,同时脑电(ERP)、脑磁图(MEG)和功能性核磁共振成像(FMRI)等无损伤的神经影像技术开始应用于语言韵律加工神经机制的研究。就研究内容而言,涉及了语言韵律的多个方面,如声调、语调、重音和情绪韵律等。功能取向的理论和声学信息取向的理论各自都得到了证据的支持,争论也并未得到解决。以下将从五个方面对韵律加工神经机制的早期研究成果做一简要概括。

(一)声调加工的神经机制研究

脑损伤病人、双耳分听实验和脑成像研究大都认为声调加工具有左脑优势,支持功能取向的理论假设。但这些研究在方法上还存在一定问题,比如 Moen(1983)和 Eng(1996)的研究只考察了左脑损伤病人的情况,不能排除右脑损伤的病人也会出现类似缺陷;而 Moen 所发现的左脑损伤病人声调产生方面的问题可能只是由于表达流畅性方面的缺陷造成的。双耳分听和脑成像研究共同存在的问题是不能排除词汇语义加工的影响:比如 Gandour 对英语和泰语被试泰语声调感知的正电子发射断层扫描(PET)研究发现,声调和低通滤波后的音高模式相比,只有泰语被试在左侧额下回(BA44/45)有显著激活(Gandour et al., 1998),Van Lancker(1978)的双耳分听实验使用了自然语音和嗡嗡声(hum),在类似研究中,母语者听到自然语音的时候,进行声调加工的同时也在进行词汇语义的加工,左半球优势可能是由后者而非前者引起的。另外,方至等(1998)对汉语声调感知的脑电研究得到了完全不同的结果：阳平和上声的感知有微弱的右脑优势，而阴平和去声的感知没有单侧优势，他们认为声调因为各自音高曲线变化率的差异而有不同的加工机制。

（二）陈述/疑问句调加工的神经机制研究

和声调加工的偏侧化研究大都支持功能取向的理论假设不同，句调加工的偏侧化研究结果并不一致。在脑损伤病人的研究方面，Bryan（1989）发现右脑损伤的病人分辨陈述句和疑问句的能力比正常人和左脑损伤的病人差，Seddoh（2000）发现左脑损伤病人陈述句语调的下降模式和正常人相似，这都支持声学信息取向的相关理论假设；但是Pell & Baum（1997）却发现左脑损伤病人区分不同句调比右脑损伤的病人困难，Ryalls et al.（1987）也发现左脑损伤病人陈述句语调的递降模式和正常人相比有很大差异而右脑损伤病人的模式和正常人相似，这又支持了功能取向的理论假设。在脑成像研究方面，Imaizumi et al.（1998）的脑磁图研究要求被试分别注意单词的结尾元音和句调的差异，结果发现注意元音或句调在左脑的激活都有显著增加，但右脑的激活只有在注意句调时才显著增加，这反映了任务要求对大脑激活的调节，既不符合功能取向的理论假设，也不符合声学信息取向的理论假设。

（三）情绪韵律加工的神经机制研究

在言语交际活动中，人们常常借助韵律信息来传达自己的情绪，这被称为"副语言学"（paralinguistic）信息，能否正确理解韵律所包含的感情色彩对有效的交流至关重要。对情绪韵律的加工，功能取向的理论假设和声音信号取向的理论假设都认为应该是右脑的功能，但也有研究同时考察了陈述/疑问句调的加工，从而可以为检验功能理论或声学信息理论提供更充分的证据。和句调加工的偏侧化研究类似，脑损伤病人研究为情绪韵律加工的偏侧化提供了不一致甚至是截然相反的证据：Pell & Baum（1997）发现左脑损伤病人对情绪韵律的感知好于对陈述/疑问句调的感知，Heilman et al.（2004）发现右脑额叶中部的损伤会导致情绪韵律产生障碍，但不会影响陈述/疑问句调的加工，这支持功能取向的理论假设；但Van Lancker & Sidtis（1992）却发现右脑损伤病人利用音高信息区别不同的感情色彩时会犯更多错误，Pell（1999）也发现无论是情绪韵律还是句调的表达，右脑损伤病人的音高变化和音域都比左脑损伤的病人小，这又支持声学信息取向的理论假设。此外，Luks et al.（1998）的双耳分听实验考察了情绪韵律和句调的感知，结果发现对情绪韵律的感知有左耳优势，而对句调的感知存在右耳优势，支持功能理论。脑成像研究基本都支持右脑在情绪韵律加工过程中有重要作用，但因为很少有研究同时考察句调，也就很难为功能理论或声学信息理论提供更充分的证据支持。

（四）词汇/语句重音加工的神经机制研究

词汇重音比语句重音承担了更多的语言学意义，同时负载词汇和语句重音的言语单元（单词和句子）在时长上也存在很大差异。Emmorey（1987）发现在言语产生时，右脑受损病人相对于左脑受损病人更难利用重音模式的差异标记不同的词汇，但右脑损伤的病人标记语句重音的能力和正常人相比却没有明显差异（Behrens，1988），这在一定程度上支持韵律加工的功能理论。但在感知任务中，Weintraub et al.（1981）发现右脑损伤病人无论是感知词汇重音还是语句重音都要比正常人的成绩差。为了进一步明确不同声学语音学信息标记重音时的加工机制，Baum（1998）对音高和时长信息进行了系统性的操纵，发现左脑和右脑损伤的病人利用音高信息感知词汇和语句重音的能力并没有明显差异，但在利用时长信息方面，左脑损伤病人的成绩明显比右脑损伤病人的成绩差，这支持声学信息加工理论。Behrens（1985）的双耳分听实验使用了真词、真词低通滤波处理后的非言语材料和假词材料，结果发现真词重音模式的判断有右耳（即左脑）优势，滤波材料重音模式的判断有左耳（即右脑）优势，而假词材料则是双耳平衡的，支持功能理论。

（五）语言节奏加工的神经机制研究

语言节奏既是一种时长模式的变化，同时因为跨多个音节和词语，又属于一种慢速的变化，因此，对于语言节奏加工的大脑偏侧化，不同的理论显然会做出不同的预测和解释，换言之，对于语言节奏加工神经机制的研究可以为检验相关理论提供重要证据，但这一时期除了Riecker et al.（2002）的研究之外，很少有研究对语言节奏的加工机制进行考察。

在 Riecker et al. 的研究中，被试需要被动听或者主动产生两种声音模式：一种是没有任何时长变化的 /pa-pa-pa.../，一种是长短间隔的 /paa-pa-pa-paa.../，结果发现在被动听的任务条件下，两种声音模式引起的脑激活并没有明显差异，但在主动产生的任务条件下，长短间隔的声音模式比无时长变化的声音模式在左侧的壳核（putamen）和丘脑（thalamus）以及右侧的颞上回（STG）、颞平面（temporal plane）和前运动区（premotor cortex）引发了更强的激活，作者认为这反映了双侧脑区在语言节奏产生中的不同作用：右脑的相关区域主要负责节奏模式的复述，而左脑的相关区域则主要负责监控言语输出。

（六）语言韵律加工神经机制早期研究小结

韵律信息在言语的理解和产生过程中承担着重要作用，语言韵律加工的偏侧化是认知神经科学和心理语言学等学科共同关注的重要问题，它对于深入揭示大脑的语言机能有重要意义，但早期对声调、语调、情绪韵律、重音等韵律特征的研究并未得出明确一致的结论，采用相同或不同方法的研究得到的结果很多是相互冲突的，这和实验设计上的缺陷以及不同研究中被试和实验材料的异质性有关。在实验设计上，脑损伤病人的研究往往只基于单侧脑损伤病人的情况做出结论，实际上并不能排除另一侧损伤的病人也会出现同样的缺陷；已有的双耳分听和脑成像研究则很难把韵律信息加工和词汇语义加工的过程区别开来。在被试选择上，大量脑损伤病人的研究并没有报告损伤的具体部位，而即使是同侧损伤的病人，由于损伤的具体部位不同，对韵律加工的影响可能也会不同。在实验材料方面，有的实验使用了自然语音，而有的则使用了滤波或合成的材料，被试和实验材料的异质性使得对相关研究结果的比较变得非常困难。这些都对以后的研究在实验设计等方面提出了更高的要求，比如脑损伤病人的研究应该尽量精确地确定和报告损伤的具体脑区；为了排除词汇语义加工的影响，声调和语调的研究可以考虑使用假音节等。

需要特别指出的是，语言节奏特征加工的神经机制在这一时期并未受到重视，仅有的一项研究也并没有发现和节奏感知有关的脑区活动。另外，节奏和其他韵律特征的加工是否存在某些共性和差异也没有研究涉及。包括节奏特征在内的语言韵律加工的神经机制显然应该受到更多关注（Schirmer，2004）。

二、语言韵律加工神经机制的研究现状

语言韵律加工的神经机制研究自 2004 年开始发生了很大的变化，主要表现在理论有了新的发展，研究内容进一步丰富，特别是节奏的加工机制开始受到研究者的关注，并且研究方法和研究手段不断进步。

（一）当前语言韵律加工神经机制的理论进展

功能取向的理论假设和声学信息取向的理论假设或者只强调韵律特征所承担的语言功能对韵律加工机制的决定作用，或者只强调负载韵律的声学信息的决定作用，因而存在各自的局限性和片面性。美国普渡大学（Purdue University）著名语音学家和心理学家 Gandour 领导的实验室进行了大量声调和句调加工神经机制的研究，他们在 2004 年针对韵律的重要声学相关物——音高信息的加工提出了一个新的理论，认为左脑和右脑都参与了对言语中的音高信息的加工，但左右脑承担了不同的具体功能：右脑负责音高信息的声学语音学特征的分析，而左脑则加工其语言学意义（Gandour et al.，2004）。这一理论实际上是整合了功能理论和声学信息理论以及当时相关研究的最新成果而提出的，尽管主要针对的是以音高作为主要声学线索的韵律特征的加工，但对推动形成完整的语言韵律加工神经机制理论具有重要意义。近期的核磁共振弥散张量成像（DTI）研究也为该理论提供了新的支持证据（Glasser & Rilling，2008）。

（二）当前语言韵律加工神经机制研究的主要内容

声调和句调加工的神经机制在这一时期取得了重要进展，Gandour 实验室和美国西北大学 Wong 领导的实验室在这方面做出了突出的贡献。Gandour 通过比较声调语言母语者和非声调语言母语者区分声调和句调神经活动的异同，明确了右脑的相关脑区（颞上沟中部 mSTS 和额中回中部 mMFG）在音高信息的声学分析和左脑的相关脑区（颞上回后部 pSTG、颞平面内侧 PT 和顶下小叶 IPL）在音位信息加工中的作用（Gandour et al.，2004；Tong et al.，2005；Xu et al.，2006）。Wong

领导的研究小组则通过对英语母语者汉语声调学习以及音乐家汉语声调感知的神经机制研究强调了脑干和初级听觉皮层在音高信息加工中的作用（Wong et al.，2007；Song et al.，2007；Wong et al.，2008；Warrier et al.，2009）。这一时期，国内心理学和生物学研究领域的学者也开始关注汉语声调和句调的加工机制，其中，中国科学院陈霖院士领导的中国科技大学课题组采用脑电技术证实了声调和声母在加工早期（MMN时间窗口）的分离，这一成果2006年发表于美国国家科学院院刊（Luo et al.，2006）。

情绪韵律加工的神经机制研究也有了进一步的发展，不但明确了情绪韵律加工过程中声学分析、情绪识别和情绪判断等不同加工过程的神经机制（Wildgruber et al.，2006），还特别强调了任务要求对情绪韵律加工过程中不同脑区活动的调节（Frühholz et al.，2011），同时，情绪韵律加工的神经网络模型也已经开始建立（Wildgruber et al.，2009）。另外，对3—7个月大婴儿的功能性核磁共振成像研究发现，他们对情绪韵律的加工表现出了和成人类似的脑区活动模式（Blasi et al.，2011）。研究还发现，加工韵律所传达的不同情绪甚至都要依赖不同的脑区活动（Ethofer et al.，2009）。

需要特别强调的是，这一时期的研究除了重视声调、句调和情绪韵律等语言韵律特征以外，节奏也开始受到研究者的关注。Overy et al.（2004）发现音高模式（音乐旋律和语调的主要声学相关物）的变化激活了双侧颞叶的广泛脑区，而时长模式（音乐和语言节奏的主要声学相关物）的变化则主要激活了双侧颞上回的中后部，同时，前者比后者在颞上回中部的激活更强，这说明音高和时长信息的加工既有共性同时又存在差异。Geiser et al.（2008）对德语重音节奏的加工机制进行了探讨，结果发现重音节奏的加工主要激活了左侧的颞平面区域，而这一区域和时长模式加工的关系已经被很多研究证实。

三、语言韵律加工神经机制研究小结

尽管语言韵律的加工机制在最近30年受到越来越多的关注，但和对音段、句法和语义加工神经机制的研究相比，无论是在数量还是质量上都还有很大的差距。比如音段、句法和语义的加工机制已经形成了完整而成熟的理论，而关于语言韵律加工机制的理论仍然是初步的。目前，影响最大的两大语言加工理论（Scott & Wise，2004；Hickok & Poeppel，2007）都不包括韵律加工，这应该是一个很大的不足，也凸显出进一步推进语言韵律加工机制研究的重要性。

目前，神经影像技术仍在不断发展，新的技术手段、研究思路、数据分析和处理方法不断涌现，传统的行为研究方法如双耳分听和脑成像研究的结合，新方法如功能连接和有效连接网络分析、弥散张量成像和形态学测量（VBM）等，这些应该在今后韵律加工神经机制的研究中得到更广泛的应用，从而对进一步明确语言韵律的加工机制起到积极作用。

需要指出的是，在语言韵律加工机制的研究中，与音高信息相关的韵律特征（如声调、句调和情绪韵律）一直占据主要位置，与其他超音段特征相关的韵律特征比如与时长变化模式密切相关的节奏特征并未受到足够的重视，而这对形成完整的韵律加工理论显然是不利的。本书对语言节奏加工的神经机制的研究，包括节奏/语调在语言区分过程中的作用机制、节奏感知的脑区定位及其与语调感知脑区的异同比较、任务对节奏/语调加工脑区活动的调节等，会对弥补目前研究的不足起到积极作用。

第七节　汉语的节奏特征研究

一、国内学者对语言节奏的不同观点及研究进展

关于汉语的节奏特征，一般从诗歌节律的角度来研究，包括对称、平仄和停顿等方面，基本属于修辞学的研究范畴。近年来，在语音学和音系学研究领域，汉语的节奏特点开始受到重视，出现了很多深入的研究和论述。但是，由于研究角度的差异，不同研究者所说的"节奏"在概念上实际各不相同，主要包括以下几个方面：

在英语音步（foot）概念的影响下，考察汉语韵律词的结构和实现方式等问题，具有代表性的研究者主要是冯胜利和端木三等人。冯胜利（1996，1998，2001，2007）提出了"汉语韵律词"的概念和韵律构词

学的有关理论，端木三（1997，1999，2000）也对汉语和英语音步的异同以及复合词的节奏特征做过重要论述。在他们的研究中，节奏的概念基本等同于音步。

在自主音段节律理论（即 AM 理论）的框架下，考察汉语语句的韵律结构和韵律组织等问题，代表性的研究者主要有沈炯（1995，1997）、杨玉芳（1997，1998，2004）、林茂灿（2000，2002，2004）、曹剑芬（2003a，2003b，2004）、刘现强（2007a，2007b）和殷治纲（2011）等，他们的研究主要探讨了汉语不同韵律单元层级边界的声学语音学特征，获得了一些重要的发现，很多研究成果已经应用于言语工程领域。在这个框架下进行的研究是把汉语的节奏看作是不同层级的韵律单元的组织模式，韵律词、韵律短语和语调短语都是不同层级的节奏单元。

还有研究者从语文学和美学的角度来研究节奏（吴洁敏，1998，2001，2002），这和诗歌的节律有更多的相似性。

可见，由于研究角度和理论的不同，上述研究所考察的汉语节奏在概念上存在很大差异，其中在自主音段节律理论框架下进行的研究影响和成就最大。但是，在该理论框架下进行的研究强调的是语言的共性（曹剑芬，2003a；林茂灿，2004），也就是说不同节奏单元之间存在的层级关系是不同语言中普遍存在的，它不能解释英语、法语和日语在节奏特征上的差异，也不可能对语言的节奏类型做出区分。

在语言节奏等时性假设的影响下，也有研究者从"语言的时间组织"的角度研究了汉语的节奏，安英姬（1997，2001）认为汉语是双拍（一个音节为一拍）和三拍的语言，Orientalia & Kiadó（2003）也认为汉语并不是音节等长的语言，而是双音节等长（binominal-timed）的语言。安英姬以及 Orientalia & Kiadó 的观点实际上都是从等时性假设出发来考察汉语的节奏，不过他们选择的时间单位不是音节而是两个或三个音节的组合，而两个音节构成一个音步是很多语言的共同特征（端木三，2000），也就是说，同样不可能在音步的时长特征这个层面对语言的节奏类型做出区分。

到现在为止，还很少有研究在 Ramus 的理论框架下探讨汉语的节奏特征和节奏获得等问题，如果说不同的语言节奏理论可能只是反映了语言节奏本质的某一方面的话，Ramus 理论的优点主要在于：

第一，依据该理论，可以成功地把传统上被认为是不同节奏类型的语言区分开来，这是迄今为止任何其他理论无法做到的。

第二，从节奏的普遍性定义出发，成功地把言语中的时长信息同音高等其他超音段信息分离开来，而最近大量来自脑损伤病人和脑成像的研究都发现在非言语信号的加工上，音高和时长信息的加工机制是不同的。

第三，Ramus 的理论为研究正常和障碍儿童的节奏发展、第二语言的节奏获得以及时长加工受损病人（比如帕金森症患者、构音障碍患者）的言语特征提供了一个新的视角。

二、本研究所关注的主要问题及研究思路

最近六七年以来，研究者运用 Ramus 和 Low 等人提出的声学语音学测量方法考察了不同语言的节奏特征、母语和第二语言的节奏获得以及帕金森病人、构音障碍和阅读障碍儿童语言的节奏特点，获得了一些重要的发现，但汉语的节奏特征、汉语儿童母语节奏特征的获得和第二语言学习者的汉语节奏的习得等问题还很少有研究涉及。另外，语言韵律加工的神经机制是近期及今后一段时期内的研究热点，但节奏加工神经机制的研究还比较薄弱，特别是还没有研究运用 Ramus 等人提出的测量方法制作刺激材料考察节奏的加工机制。本研究关注的问题主要包括：在行为研究的层面上，明确汉语的节奏特征和节奏类型，探讨汉语儿童母语节奏特征的习得规律以及母语节奏特征对汉语作为第二语言学习者习得汉语节奏特征的影响，考察语言的节奏特征是否会影响非言语声音信号的时长模式感知；在神经机制的层面上，探讨较低加工层次上的节奏/语调等韵律信息和较高加工层次上的语音/语义信息能够区分不同语言的作用机制，明确节奏和语调这两个最为重要的韵律特征在加工机制方面的共性与差别，并探讨任务要求对节奏和语调加工时听觉及听觉相关皮层神经活动的影响。这些问题对于检验语言节奏的类型化观点、明确节奏在言语感知和语言获得中的地位和作用、建立和完善语言韵律加工神经机制的相关理论都具有重要意义。

（一）行为实验研究力图解决的主要问题

1. 汉语的节奏特征和节奏类型

根据 Ramus et al.（1999，2000）的观点，最能反映语言节奏的音系特征是音节结构的复杂程度和是否存在元音弱化现象，特别是前者。汉语的音节结构可以概括为（C）+V+（N），没有复辅音，最复杂的也只是 /CVN/ 结构（林焘、王理嘉，2003），这和日语的（C）+V+（C）的音节结构是类似的。汉语中有轻声音节，而轻声的一个显著特征就是元音时长的缩短（实际上，汉语主要轻声音节的元音都是弱化元音）。那么，汉语的节奏特征在 %V、ΔC 和 ΔV 上会有什么样的具体表现？在已经明确的四种节奏类型中，汉语可能属于哪一种类型？或者是否会形成一种新的节奏类型？

在语言节奏的等时性假设以及 Ramus 的理论框架下进行的研究都坚持了语言节奏的类型化观点，即语言可以基于节奏特征的差异划分为有限的几个类型，但这些研究考察的基本都是传统上有明确认识的语言，而要证实语言的节奏类型化理论则需要考察尽可能多的语言，特别是传统上节奏特征并不明确的语言，因为语言的节奏类型可能不仅局限于已经提出来的几种类型，可能还存在新的类型；而且随着更多语言的引入，现有类型之间的范畴化模式可能会被完全打破而变成一个连续体，如果是那样的话，语言的节奏分类就没有太大的意义。我们希望对汉语的研究不仅可以确定汉语的节奏特征，也可以为语言节奏的类型化假设提供一些有用的证据。

2. 汉语儿童的节奏获得

研究发现 4.5 岁的法语（音节节奏）儿童就已经成功获得了母语的节奏特征，这要远远早于英语和德语（重音节奏）儿童，这主要是因为法语的音节结构比英语和德语简单，而且不存在元音弱化的情况。德语儿童获得母语的节奏又要早于英语儿童，因为德语的元音弱化情况不如英语普遍，弱化元音和非弱化元音之间的差别也不像英语那么大（Grabe & Watson，1999；Whitworth，2002；Bunta & Ingram，2007）。

汉语的音节结构比法语更简单，可以更早获得；但汉语中同时又存在元音弱化的情况，而弱化元音又是在较晚的年龄才能获得的，那么，汉语儿童母语节奏的获得会经历一个什么样的发展过程呢？考虑到 4.5

岁的法语儿童已经获得了母语的节奏特征以及任务的难度，本研究选择3—3.5岁的汉语儿童作为研究对象，考察3.5岁左右的汉语儿童是否已经成功获得了母语的节奏特征。

3. 英语母语者汉语节奏特征的习得

新加坡英语和台湾人说英语的节奏和英语母语者的节奏特征存在很大差异，主要是受到了汉语节奏特征的影响（Low et al., 2000）。母语的标记性弱而所学习的外语标记性强，母语对外语产生负迁移是容易理解的，比如母语为日语和汉语等音节结构简单的语言的人在学习英语等音节结构复杂的语言时常常会在辅音后增加一个元音，在表示轻重音的对比时元音之间的时长差异也不像母语者那么大，从而在节奏特征方面向母语方向偏移。汉语相对于英语的标记性要弱，母语为英语的学习者习得汉语的节奏时情况又是怎样的呢？他们是否也会在很大程度上保存母语的节奏特征呢？这在测量语言节奏的各声学语音学参数上会有什么具体表现？研究结果无疑会为第二语言的节奏习得提供更为全面的证据。

另外，从知觉的角度来看，人们是否能仅仅依靠节奏特征的差异对母语者和外语学习者的言语做出区分呢？ Low（2000）、Jian（2004）、Stockmal（2005）和White & Matty（2007）等对第二语言节奏特征的研究都只考察了言语产生任务中母语者和非母语者在%V、ΔC和ΔV上的差异，并没有采用感知任务。利用语音合成的方法考察节奏特征在感知"外语口音"中的作用，之前还很少有研究涉及。

4. 音高模式和节奏特征在区分不同语言时的相对作用

Ramus et al.（1999，2000）的研究发现在区分不同的语言，比如英语和日语、英语和波兰语的时候，音高信息是不起作用的。但是，音高模式和节奏特征都是重要的韵律信息，以往的研究也都强调了音高信息对区分不同语言的作用。Ramus没有发现音高的作用可能是因为他的研究中使用的都是非声调语言，非声调语言在语调模式上的差异不足以提供区分的有效信息。那么，节奏和音高信息在区分汉语这种声调语言和其他非声调语言时的作用又是怎么样的？节奏特征和音高模式在区分不同语言时的相对作用如何？

5. Ramus 提出的测量语言节奏的声学语音学方法反映的节奏感知的机制

Ramus et al.（1999）最初认为，%V 和 ΔC，特别是 %V 是反映语言节奏的主要指标，但是后来（2000，2003）认为 ΔV 可以很好地区分波兰语和英语等重音节奏的语言，而且得到了感知实验的证实。那么，ΔV 的作用是只局限于区分波兰语和重音节奏的语言，还是和 %V、ΔC 一样，反映了语言节奏特征的重要方面？ %V、ΔC 和 ΔV 在区分不同语言节奏特征过程中的作用机制是什么？Ramus 和其他研究者都没有对基于 %V、ΔC 和 ΔV 的节奏感知机制做出解释，希望我们的研究可以为此提供一些证据。

6. 节奏特征对非言语信号时长模式加工的影响

与传统的语言加工的"模块化"理论相悖，越来越多的研究发现语言经验会影响非言语信息的加工，汉语声调语言的经验对纯音信号音高斜率变化和音乐旋律感知的影响已经得到很多研究的证实（Bent et al.，2006；Luo et al.，2007；Wong et al.，2007），那么，来自母语节奏特征的经验是否会对非言语信息的时长模式感知产生影响以及会产生什么样的影响，对这一问题的探讨有助于加强对言语和非言语信息加工关系的认识，也有助于进一步理解早期语言经验对感知层面的信息加工的重要影响。

7. 言语产生过程中节奏控制和调节的神经机制

需要特别指出的是，目前对于语言韵律加工神经机制的研究基本都集中在言语感知领域，而言语产生过程中的韵律加工机制则极少有研究涉及，这主要和神经成像技术方面的因素以及实验设计上的困难有关。对脑损伤病人言语特点的观察分析仍然是理解言语产生机制、特别是韵律产生机制的重要手段。我们将利用 Ramus 测量语言节奏的声学语音学指标考察一例脑损伤病人言语的节奏特点，从而对言语产生过程中语言节奏的控制和调节的神经机制进行初步研究，这有助于加深对言语韵律产生神经机制的了解。

在研究方法上，行为研究主要采用和 Ramus 的系列研究（1999，2000，2002，2003）类似的言语产生和言语感知任务。为了更好地控制语速，在言语产生任务中增加了听觉呈现的刺激。实验一、六和七都包括了言语产生任务，分别考察了汉语的节奏特征和节奏类型、3.5 岁左右的汉语儿童以及母语为英语的中级水平的汉语学习者的节奏特征。实验四也是产生任务，使用了"节奏伴随敲击"的方法（节奏耦合实验）进一步验证汉语的节奏特征。实验二、三和八都包括了感知辨别任务，利用语音合成技术对语句中出现的声学语音学线索进行了控制，分别考察了对平调和保存了原句音高模式的汉语句子和其他语言的句子或者汉语母语者和第二语言学习者朗读的句子的区分情况，一方面检验了产生任务的结果，另一方面也探讨了节奏和音高信息对区分不同语言的作用及 %V、ΔC 和 ΔV 在节奏感知中的作用及其机制。实验五是感知识别任务，通过考察不同母语背景的被试对非言语声音信号时长模式的感知来考察母语的节奏特征对非言语的声音信号时长模式加工的影响。另外，还利用 Ramus 提出的声学语言学参数对一例右脑损伤病人自发言语的节奏特征进行了测量（实验十二），从而对语言节奏加工的右脑优势理论进行更为全面的检验。

（二）脑成像研究力图解决的主要问题

1. 节奏/语调和语音/语义信息在语言区分中的神经竞争机制

语言节奏等时性假设的检验失败之后，语言之间在节奏特征上存在差异的确切证据来自婴儿的言语区分实验结果，即婴儿能够把传统上被认为是不同节奏类型的语言区分开来（Nespor et al., 1998）。与婴儿特别是新生儿只能利用节奏和语调信息区分语言不同，随着年龄的增长和语言经验的增加，可利用的信息越来越多，其中具有语言特定性的语音和语义信息提供了最可靠的线索（Lorrch & Meara, 1995）。因此，在有多重线索可以利用的情况下，较低加工层次的节奏和语调信息与较高加工层次的语音/语义信息就可能会形成一定的竞争关系，那么这在神经活动上会有什么样的具体表现？一个更为重要的问题是，作为同一加工层次上的节奏和语调之间会不会形成一定的竞争关系？就该问题的探讨对理解婴儿最初的语言区分机制无疑具有重要意义。

2. 节奏和语调加工神经机制的共性与差异

目前，尚没有研究对节奏和语调这两大韵律特征加工神经机制的共性与差异进行系统性考察。所谓的共性与差异至少表现在两个方面，即脑功能偏侧化模式和加工的具体脑区。根据语言韵律加工的最新理论，语调和节奏主要都应该由右脑加工（Gandour et al.，2004；Zatorre & Gandour，2008），但具体的脑区分布情况并不能根据已有的研究做出明确的预测，特别是节奏的加工。对于非言语的时长模式的加工，纯音刺激主要激活初级听觉皮层（BA41）(Jamison et al.，2006)，但音乐节奏的加工主要激活次级听觉皮层和听觉相关脑区（BA42/22）(Overy et al.，2004)，那么语言节奏的加工主要由哪些脑区负责？这些脑区是否也参与了语调的加工？反之，哪些参与语调加工的脑区是语调加工独有的，哪些同时参与了节奏的加工？对相关问题的探讨对于进一步明确语言韵律加工的神经机制、完善韵律加工的相关理论具有积极意义。

3. 任务要求对节奏和语调感知神经活动的影响

研究发现任务要求会对语言加工过程中的神经活动产生显著影响（Plante et al.，2002；Brechmann & Scheich，2005），比如 Plante et al.（2002）发现被动听正常的句子和低通滤波的句子时，前者在颞叶的激活存在左脑优势，而后者存在颞叶激活的右脑优势；但在主动条件下，这种一侧化模式的差异仅表现在额叶的激活上，而颞叶的差别则消失了，也就是说，主动任务不仅影响到和任务自身相关的额叶活动情况，而且对于主要负责声音信号分析的颞叶活动也会产生明显的影响。但有研究发现主动任务并不会影响音高信息加工在颞叶的右侧优势（Gandour et al.，2004），那么，主动任务会对节奏和语调的加工带来什么样的影响（包括脑区分布和偏侧化模式），这对于完整地理解语言节奏和语调的加工机制具有积极意义。

在研究方法方面，对于节奏加工神经机制的研究主要采用功能性核磁共振成像的方法和事件相关（event-related, ER）设计，通过比较不同类型的声音刺激引发的神经活动的异同，对语言节奏、语调与其他语言特征加工的关系以及任务的影响进行考察。

第二章
汉语的节奏特征和节奏类型

第一节 汉语节奏特征的测量

一、研究目的

通过言语产生任务（实验一）确定汉语的节奏特征和节奏类型。我们将通过对所获得的代表汉语节奏特征的三个声学语音学参数，即元音部分占句子总时长的比重、辅音的时长变异和元音的时长变异与Ramus et al.（1999，2002，2003）的研究中其他语言同一参数异同的比较，确定汉语在%V、ΔC和%V、ΔV所界定的节奏类型图中的位置。

二、研究方法

（一）语料的录制和选择

朗读的文本材料：四种语言（汉语、英语、日语和意大利语），每种语言都包括20个句子，这些句子是以英语材料为基础翻译而成的，语义基本一致。在句子的选择上参考了Ramus et al.（1999，2003）的研究，少数句子是完全相同的，四种语言的句子的平均音节数相同，都是15个。（不同语言的朗读文本见本书附录的附录一）

发音人：每种语言4个，一共16个发音人，都为女性，这主要是因为女性发音人的语图比较清晰，便于标注；另外，Ramus的研究使用的全部都是女性发音人，而节奏特征可能存在一定程度的性别差异（这个问题尚未有人研究），为了使我们的研究可以和 Ramus 的研究进行比较，也要求对发音人的性别进行限定。这些发音人的年龄在 19—24 岁之间，都是在北京的不同大学学习的中国学生和外国留学生，不了解研究的目的。她们都能讲熟练的标准母语，录音时要求发音人以母语的标准发音朗读，因为研究发现同一语言的不同方言也存在节奏特征的差异（Yan & Vaseghi, 2002）。她们每人被要求读自己母语 20 个句子中的 5 个。

录音程序：研究发现，语速的差异可能会对节奏特征的测量带来重要影响（Barry et al., 2003），而不同语言里，所谓的"正常"语速是不同的，比如有研究发现法语的正常语速为每秒 5.36 个音节，英语为每秒 5.78 个音节，而德语相对较快，可以达到每秒 6.8 个音节。为了排除语速的影响，我们通过呈现听觉刺激的方法来控制不同语言的不同被试朗读时的速度，具体做法是：

在朗读的同时，通过耳机呈现信号，开始是两个敲击声，最后是一个时长为 100 毫秒、频率为 400 赫兹的纯音，后一个敲击声和纯音之间的间隔为 2700 毫秒左右。要求被试在听到第一个敲击声的时候做准备，听到第二个敲击声后立即开始朗读，尽量在听到纯音时能恰好读完整个句子。在正式录音之前要进行多次练习，正式录制时每个句子重复的次数平均也在 10 次以上。同时，要求被试在朗读句子过程中不能有停顿。全部录音过程都在一个隔音效果良好的录音室完成，录音时发音人的嘴离话筒大约为 30 厘米，录音材料以 44100 赫兹采样，16 比特保存。

语料的选择：我们从 16 名被试朗读的 843 个句子中挑选出 80（5×4×4）个句子，对这些句子的平均时长（见表 1）做单因素方差分析，差异不显著，$F(3, 76) = 0.838$, $P = 0.477$，这样得到的四种语言的句子的平均语速都保持在 180 毫秒/音节左右，这可以排除语速对节奏特征可能带来的影响。我们之所以把语速控制在 180 毫秒/音节，也是为了能使我们的研究和 Ramus et al.（1999）的研究结果进行比较，因为在 Ramus et al.（1999）的研究中，八种语言的平均句长为 3000 毫秒左右，音节数在 15—19 之间，平均为 17，即平均语速为 180 毫秒/音节左右。

表1 四种语言的句子的平均时长

	汉语	英语	日语	意大利语
时长（毫秒）	2695（55）	2660（80）	2676（71）	2681（80）

注：括号内是标注差，下同。

（二）语料的标注

对全部80个句子的标注都是利用语音分析和编辑软件Praat（版本为4.3.27）完成的。每个句子都被标成辅音段和元音段，比如汉语的"地方选举"被标成 /t//i//f//ɑ//ŋɕ//yɛ//ntɕ//y/，一共8段（见图8）；对应的英语"local elections"则被标成 /l//əu//k//ə//l//i//l//e//kʃ//ə//nz/，一共11段。

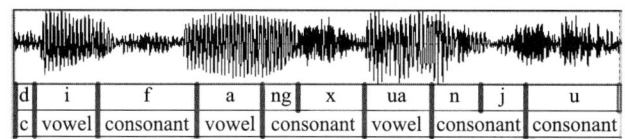

图8 辅音段和元音段的标注

对辅音和元音的标注参考了语句的波形图、宽带语图和听觉特征，具体来说：

塞音、塞擦音和擦音等不论是位于音节的开始还是结束，辅音和元音之间都有明显的间断，标注起来比较清楚；音节起始位置的鼻音、边音等和元音之间的界限也比较清楚。但当位于音节结束位置时，有时界限就不那么清楚，我们的处理方法是把辅音和元音之间的界限确定在过渡段时间域的中点。对于半元音，Ramus的研究是把核心元音前的半元音，比如"queen"（[kwi:n]）中的[w]，划为辅音段处理，而把核心元音后的半元音，比如"how"（[hau]）归入元音段处理。对汉语而言，以[i][u][ü]开头的零声母音节在开始发音的时候有短暂的肌肉紧张阶段，有时候会产生轻微的摩擦，它们会变成半元音[j][w][ɥ]，比如"衣"[ji]、"乌"[wu]和"迂"[ɥy]（林焘、王理嘉，2003），所以，我们把汉语的[j][w][ɥ]归入辅音段来处理。

三、研究结果与讨论

我们对元音部分占句子总时长的比重（%V）、辅音段的时长变异（ΔC）和元音段的时长变异（ΔV）分别进行了计算，结果见表2。

表2 不同语言的 %V、ΔC 和 ΔV

	汉语	英语	日语	意大利语
%V	49.6（3.0）	39.9（3.4）	55.6（2.6）	44.3（2.9）
ΔC	40.4（6.3）	54.2（14.1）	33.2（6.4）	46.8（7.5）
ΔV	28.6（5.3）	45.1（11.0）	41.4（7.3）	39.8（6.2）

注：ΔC 和 ΔV 的单位是毫秒。

对本研究和 Ramus 的研究结果做一下比较，可以发现在本研究中作为参照的英语、意大利语和日语，无论是 %V、ΔC 还是 ΔV 都是很相似的，%V 的差别在 0.2%—2.5% 之间，ΔC 和 ΔV 的差别也仅有几毫秒（见表3）。

表3 Ramus 和本研究中英语、意大利和日语的 %V、ΔC 和 ΔV 的比较

	英语		意大利语		日语	
	Ramus	本研究	Ramus	本研究	Ramus	本研究
%V	40.1	39.9	45.2	44.3	53.1	55.6
ΔC	53.5	54.2	48.1	46.8	35.6	33.2
ΔV	46.4	45.1	40.0	39.8	40.2	41.4

对四种语言的 %V、ΔC 和 ΔV 的单因素方差分析发现：四种语言在 %V（$F(3, 76) = 96.231, P = 0.000$）、ΔC（$F(3, 76) = 31.618, P = 0.000$）和 ΔV（$F(3, 76) = 16.75, P = 0.000$）三个参数上的差异都是显著的。进一步的两两比较发现，所有的语言对在 %V 上差异都显著（$P = 0.000$）；所有的语言对在 ΔC 上的差异也显著（意大利语和汉语，$P = 0.013$；日语和汉语，$P = 0.006$；其他语言对都是 $P = 0.000$）；在 ΔV 上，意大利语和日语（$P = 0.593$）、日语和英语（$P = 0.106$）的差异不显著，别的语言对的差异都是显著的（意大利语和英语，$P = 0.033$；其他语言对，$P = 0.000$）。

用 %V 和 ΔC 以及 %V 和 ΔV 所界定的语言节奏类型图来表示汉语的相对位置，结果见图9。从图9A 可以看到，在 %V 和 ΔC 所界

定的节奏类型图上,汉语并没有和其他四种语言中的任何一种聚合在一起,而是位于意大利语和日语之间,似乎形成了一种独立的节奏类型。%V 和 ΔC 主要和音节结构的复杂程度有关,汉语的音节结构和日语是类似的,都可以概括为(C)+V+(C),但为什么二者在 %V 和 ΔC 上会有很大不同呢?我们认为这主要是由汉语和日语在闭音节数量上的巨大差异造成的:%V 和 ΔC 是以辅音和元音的时长为基础计算的,闭音节数目的减少,无疑会使元音部分所占的比重增加,并使辅音部分的时长变异减小。

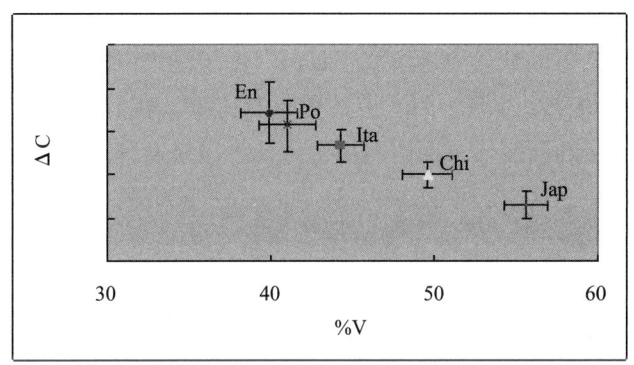

图 9A 五种语言在 %V 和 ΔC 所界定的节奏类型图上的分布

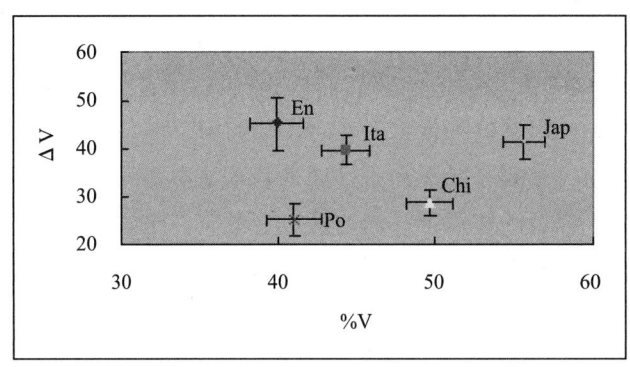

图 9B 五种语言在 %V 和 ΔV 所界定的节奏类型图上的分布

注:图中的五种语言分别是英语 -En、意大利语 -Ita、汉语 -Chi、日语 -Jap 和波兰语 -Po(波兰语引用了 Ramus,1999 的数据)。

日语音节结构的一个显著特点是开音节的数量占绝对优势(日语也因此被称为开音节语言),但是因为并没有基于大规模语料库的研究具体说明开、闭音节的比重，我们对音节数为21256的新闻体的书面语料做了统计，结果发现，开音节占93.4%，闭音节占6.6%，我们认为这大致反映了日语书面语中开、闭音节的比例。在本研究中，闭音节占4.3%，和基于较大规模语料得到的闭音节的分布比例是比较接近的。另外，Ramus的系列研究和Hwan（2004）的研究使用的日语语料中闭音节的数量在10%左右，本研究和Ramus的研究在日语的%V和ΔC上存在的差异可能主要也是由这个原因造成的，因此，如果严格控制语料中闭音节的数量，日语%V和ΔC的数值可能会比55.6和33.2略有不同，但其在节奏类型图的位置没有本质的变化。

汉语闭音节的数量要远远高于日语。由于汉语中同样没有基于大规模语料库的研究统计开、闭音节的数量和比重，我们对3500个常用汉字和19820字的新闻体书面语料做了统计，结果发现开、闭音节的比例分别为61.5%、38.5%和64.3%、35.7%。在本研究的朗读语料中，闭音节占33%，因此，基于更大规模朗读语料分析所获得的%V和ΔC的数值比49.6和40.4可能分别会有所下降和上升，但是汉语在节奏类型图中的位置同样不会有任何本质的变化。

从图9B可以看到，汉语的ΔV要明显低于本研究中的另外三种语言，和Ramus研究中的其他语言相比，也仅高于波兰语。Ramus认为波兰语既不存在元音弱化，也不存在元音长短的特征对立等区别性特征，因此ΔV应该是最低的。我们认为汉语的ΔV主要和轻声有关，因为轻声的一个显著特征就是元音时长的缩短。但是轻声在汉语语句中的比重比较小，主要是助词和语气词（表4是主要的读轻声的助词和语气词的频率）以及一些双音节词的第二个音节，比如"东西""玻璃""豆腐"等，在一段语流中的比重应该仅在10%左右，远未达到像英语等重音节奏的语言中非弱化元音那么高的比重。

表4 汉语中主要轻声音节的分布频率

词	的	地	得	了	着	过	呢	吗	啊
频率（%）	5.6	0.56	0.27	2.2	0.78	0.09	0.17	0.1	0.08

* 本统计依据《现代汉语频率词典》。

Ramus的研究所考察的八种语言可以划分为四种类型，分别是重音节奏的英语、荷兰语，音节节奏的法语、西班牙语、加泰罗尼亚语和意大利语，摩拉节奏的日语以及不属于以上三种类型的波兰语，从 %V 和 ΔC 所界定的节奏类型图上可以看到，在音节节奏的语言和摩拉节奏的语言之间以及摩拉节奏的语言之外都还有足够的空间来容纳另外的节奏类型，汉语正好填补了音节节奏和摩拉节奏这两种类型之间的位置。

  日语虽然也是（C）+V+（C）的音节结构，但和汉语显著不同的是 CV 结构是占绝对优势的，因此，如果以后的研究增加只允许 CV 结构存在的语言，也许日语会和它们聚合在一起而不是构成一种独立的节奏类型。当然，这还要取决于这些语言的其他音系特征，比如是否存在元音弱化和长短元音的特征对立等，这些特征会导致 ΔV 的差异，从而导致日语和这些语言在 %V 和 ΔV 所界定的节奏类型图中的位置发生相应的变化。

  这一发现的重要意义在于，在考虑音系特点对语言节奏特征的影响时不能只考虑"质"，即某一现象是否存在，还要考虑"量"，即该现象在某种语言中的分布情况。Loukina et al.（2011）最近的一项研究甚至发现，在某些情况下，语言内（同一语言不同语句之间）节奏特征的差异甚至要大于语言间（不同节奏类型的语言之间）节奏特征的差异，原因就在于不同音系特征在不同语句之间分布上的巨大差异。这提示我们在进行语言节奏特征的比较研究时，需要特别注意所选择语句的代表性。比如，尽管英语允许复杂的音节结构，但"They like Coca-Cola"这句话却只有简单的音节结构，显然并不能全面反映（特别是 %V 和 ΔC）英语的节奏特征。

第二节　语言节奏类型区分的感知实验

一、研究目的

  在言语产生任务中，我们发现汉语并没有和已知的四种节奏类型中的任何一种语言聚合在一起，而似乎是单独构成了一种类型。研究发现，对不同节奏类型的语言的感知是范畴性的（Ramus et al., 1999, 2000, 2003; Nazzi et al., 1998），如果汉语的节奏特征确实不同于英语、意大利语和日语，这也应该得到感知实验的支持，也就是说可以仅仅依靠节奏特征把汉语同其他节奏类型的语言区分开来。因此，本实验（实验二）将通过对利用语音合成技术制作的仅保留了节奏信息的语句的感知辨别确定汉语的节奏特征和类型，检验言语产生实验的结果。

二、研究方法

（一）实验材料

实验材料是利用 MBROLA 语音合成软件（Dutoit et al., 1996）制作完成的。我们把做过辅音段和元音段时长标注的语句进行了音素替换，即用擦音 /s/ 代替了所有的辅音段，用低元音 /a/ 代替了所有的元音段，同时基频保持在 160 赫兹不变。全部转换都来自一位法国男性发音人的数据库，这样四种语言的 80 个句子就都被转换成了平调的 /sasasa/ 的形式（原句和经过转换的句子的语图和波形图见图 10，图中显示的是英语和汉语的句子，对应的意大利语和日语的句子见附录四）。用这样的方法合成的句子仅保留了节奏特征而可以排除对言语区分有重要影响的音段、音段之间的组合关系、语调和发音人特征等信息。

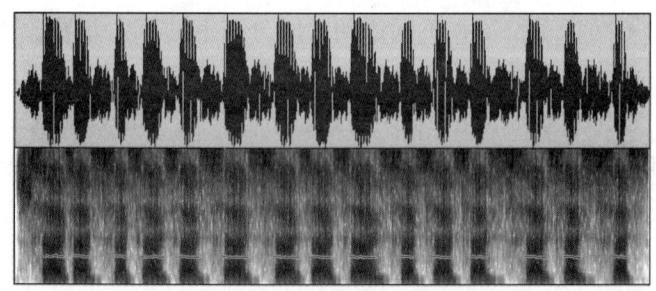

汉语原句"下一次地方选举会在今年冬季举行"

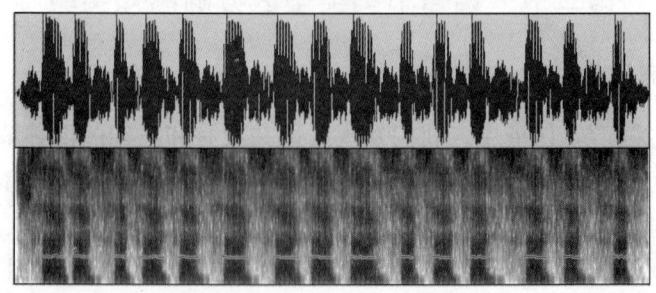

转换后的平调的/sasasa/形式的汉语句子

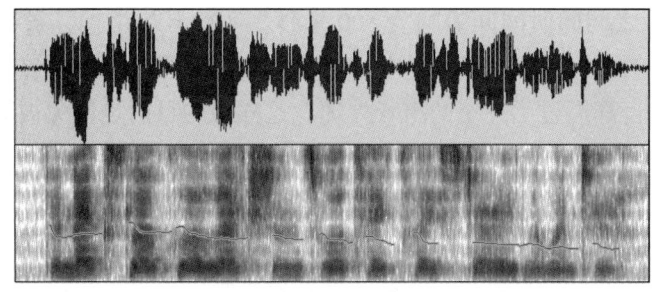

对应的英语原句 "The next local elections will take place during the winter"

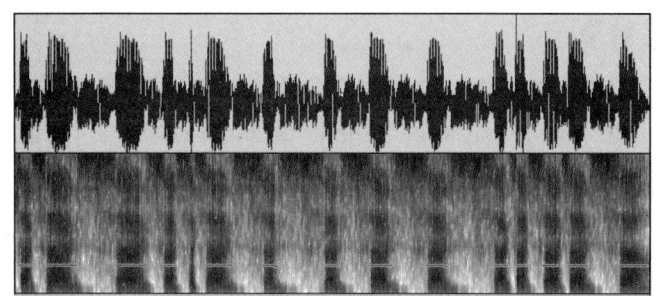

转换后的平调的/sasasa/形式的英语句子

图 10　汉语和英语原句及转换后平调句子的波形图和宽带语图

（二）被试

为了避免学习效应，实验二采用了被试间的实验设计。三对语言（汉语—英语、汉语—日语、汉语—意大利语）的区分实验一共有 48 名被试参加，每人只参加了其中一对语言的区分。被试均为北京师范大学的本科生和研究生，其中男生 17 人，女生 31 人，听力正常。

（三）实验程序

三对语言的区分实验都采用 AAX 任务，即先呈现两个属于同一种语言的句子，要求被试对第三个句子做异同判断。

在每一个实验里，根据两种语言合成的 40 个句子首先被分成两组（根据发音人 1 和 4 读的句子合成的语句为一组，2 和 3 读的句子为另一组），每组 20 个句子，分别组成 AA 和 X。每次呈现的 AA 里的两个句子都是随机选择的，不同语言的 AA 用 ABBA 的方式在被试间进行了顺序的平衡，做异同判断的 20 个句子的呈现顺序也是随机的，A 和

A 以及 X 之间的时间间隔均为 800 毫秒。实验开始之前，被试被告知他们听到的是两种非常奇怪的非洲部落语言——库鲁语和萨拉语，而且这两种语言都经过了一定的声音处理，这样做的目的是避免被试做不必要的猜测。

所有的实验都是在隔音效果良好的房间完成的，刺激通过耳机呈现，在正式实验之前有三个项目的练习。实验都不要求被试做快速反应，但是每个句子只能听一次而不能重复收听。

三、实验结果

对做异同判断的结果根据信号检测论做了整理和计算（见表5），其中"击中"是指做出正确的"相同"判断的比率，而"虚报"是指做出错误的"不同"判断的比率，A'是根据"击中"和"虚报"计算的对汉语—英语、汉语—意大利语以及汉语—日语等语言的区分比率，计算公式为：

$$A' = 1/2 + (H-F)(1+H-F)/4H(1-F) \text{（当 } H \geq F\text{）}$$
$$A' = 1/2 - (F-H)(1+F-H)/4F(1-H) \text{（当 } H < F\text{）}$$

表5 不同语对的平调 /sasasa/ 形式的句子听辨结果（%）

	击中（H）	虚报（F）	A'	P
汉语—英语	0.64（0.10）	0.39（0.08）	0.68（0.13）	0.000
汉语—意大利语	0.61（0.13）	0.43（0.09）	0.63（0.15）	0.002
汉语—日语	0.63（0.11）	0.44（0.09）	0.65（0.12）	0.000

正态分布检验发现三个语言对的区分比率 A'（见图11）都是符合正态分布的（$P > 0.05$），单样本 t 检验的结果表明它们都高于概率水平（汉语—英语 t（15）= 5.76，$P = 0.000$；汉语—意大利语 t（15）= 3.646，$P = 0.002$；汉语—日语 t（15）= 4.809，$P = 0.000$），这表明人们可以仅仅依靠节奏信息对汉语—英语、汉语—意大利语和汉语—日语的句对做出区分。

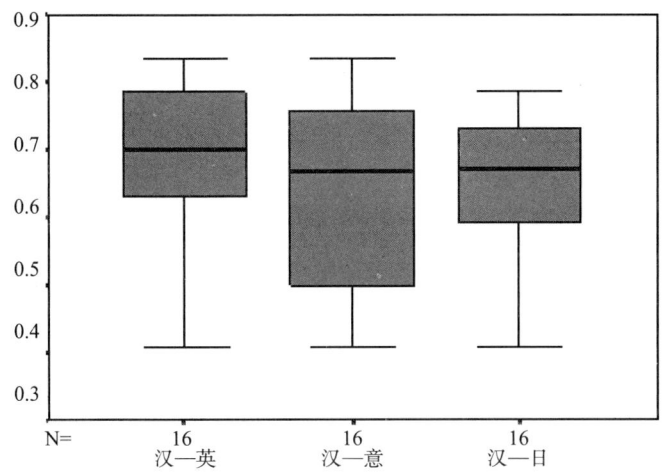

图 11　平调的不同语言对的句子区分比率的分布情况

四、讨论

不同的语言在音段和超音段特征的诸多方面都存在差异，人们在区分不同的语言时可以依靠多种信息（Mehler et al., 1988; Lorch & Meara, 1995; Bond et al., 1998; Ramus & Mehler, 1999），这些信息主要包括五个方面，即词汇信息、音段信息、音位之间的组合关系信息、韵律信息以及和发音人特征有关的信息等。

词汇信息是指某种语言里特定的某个或者某些单词。如果被试能够识别出某种语言里的一个或者几个单词就可以迅速而有效地对语言做出区分，Lorch & Meara 称之为"语言主导的认知工具"（language-responsible cognitive device）。但是这种策略的适用范围是很有限的，它只能用来识别某些存在一定亲属关系的语言，而在区别两种完全不熟悉的语言时，这种策略就没有多大效果。

音段信息是指不同语言的音段在音系或者语音层面的差异。不同的语言有各自不同的辅音和元音系统，它们有不同的声学语音学特征。Bond & Fokes（1991）发现，被试能在听到时长仅为两秒的语流片段时就对语言的异同做出判断，音段特别是辅音特征提供了最重要的线索。

音素之间的组合关系信息。对所有的语言来说，音素之间（包括辅音和辅音、辅音和元音以及元音和元音）的组合都有严格的限制。人们对音素之间的组合关系信息非常敏感，而且这种敏感并不依靠词典信息。研究发现9个月大的婴儿就可以利用音素之间的组合信息对连续的语流进行单词切分（Jusczyk et al., 1994），脑成像的研究也发现成人在前注意阶段就可以注意到不同音素的组合关系和母语模式的不同（Dehaene-Lambertz et al., 2000），这有利于后续阶段对词汇语义的加工。

韵律信息是指不同语言在节奏和语调等方面的差异。韵律与音强（intensity）、时长（duration）和基频（fundamental frequency）等声学变量有关。韵律在言语获得和言语交流中承担着重要作用，但在不同语言中的功能并不完全相同。

和发音人有关的信息。言语中还包含了发音人的年龄、性别甚至发音习惯等细节信息，在区别不同的语言时，这也是重要的线索。

在区别不同的语言对时，人们可能利用了全部或部分线索，所以要考察节奏的独立作用，就必须把其他因素的作用排除开来。本研究的实验材料用各种语言共有的两个音素 /s/ 和 /a/ 代替了全部辅音和元音，这样就排除了音段和音位之间的组合关系信息的作用，基频保持在160赫兹不变可以排除不同语言之间语调模式的差异可能带来的影响，而且在音素替换的时候用了共同的发音人数据库，进而可以排除和发音人有关的因素，所以用这样的实验材料来考察节奏对区分不同语言的作用，结果应该是可靠的。

听辨实验发现，人们可以仅仅依靠节奏信息对汉语—英语、汉语—意大利语和汉语—日语的句对做出区分，这表明汉语确实具有不同于这三种语言的节奏特征，也进一步证明了言语产生实验的结果。但是，我们的研究中所涉及的四种语言，即汉语、英语、意大利语和日语反映节奏特征的三个参数——%V、ΔC 和 ΔV 都存在显著差异，因此并不能确定被试主要是基于三个参数中的哪一个或者哪几个所反映的节奏特征对语言做出区分的。

Ramus（1999）最初认为，人们基于节奏特征对语言做出类别区分时是依靠 %V 和 ΔC，特别是 %V 所提供的信息，而 ΔV 则由于其所反映的音系现象的复杂性，可能作用有限；但后来的研究（Ramus et al., 2003; Tincoff et al., 2005）却发现成人、新生儿和绢毛猴都能仅仅依靠节奏信息把波兰语同英语或日语区别开来，而英语和波兰语只在

ΔV 上存在差异，这说明 %V 和 ΔC 或者单独的 ΔV 可能同样反映了重要的节奏特征。

对于 %V、ΔC 和 ΔV 在区分语言节奏特征中的作用及机制我们将在第五章的综合讨论部分做进一步的论述。

第三节　音高信息在区分汉语和其他语言中的作用

一、研究目的

Ramus et al.（1999，2000，2003）的系列研究没有发现音高信息在区分不同语言过程中的作用，其他关于语言节奏的感知研究（Nazzi,1998，2000；Hwan，2004；Tincoff et al.，2005）也都没有涉及声调语言。但是节奏和音高模式都是重要的韵律信息，都为区分不同语言提供了重要的线索。本实验（实验三）将利用语音合成技术对保存了原句音高模式的汉语—英语、汉语—意大利语以及汉语—日语句对中区分同对平调句子的区分结果做比较，探讨音高信息在区分汉语这种声调语言和其他非声调语言过程中的作用以及音高和节奏信息在区分不同语言过程中的相互关系。

二、研究方法

（一）实验材料

材料是利用 MBROLA 语音合成器（Dutoit et al.，1996）和语音分析和编辑软件 Praat（版本为 4.3.27）共同制作完成的。

实验材料是在平调的 /sasasa/ 形式的句子基础上进一步改变其基频值，使合成的句子保持了原句的音高模式，这是利用 Praat 软件的 Pitch tier empty 和 Replace pitch tier 功能实现的：我们先在一个空的 pitch tier 生成了和录制的句子相同的音高模式（每隔 10 毫秒取一个点，但不包括作为辅音来处理的 /m/、/n/、/l/、/w/ 等的音高数据），然后对平调的 /sasasa/ 句子的基频进行替换。

表6　四种语言的句子平均音高

	汉语	英语	日语	意大利语
音高（赫兹）	205.7（10.1）	193.9（8.2）	214.2（10.5）	219.6（14.6）

由于发音人的不同，不同语言中句子的平均音高存在较大差异（见表6），方差分析的结果表明，四种语言的平均音高差异显著（$F(3, 76) = 20.526$, $P = 0.000$），对汉语和其他三种语言的两两比较发现，汉语和英语的平均音高差异显著（$P = 0.001$），汉语和日语的平均音高差异显著（$P = 0.017$），汉语和意大利语的平均音高差异也显著（$P = 0.000$）。为了避免合成的保留了原句音高信息的句子在整体听感上的高低差异对被试判断可能产生的影响，我们在进行基频替换的时候以汉语句子的平均音高为基准，分别对三种语言的平均音高乘以一个系数，英语是1.06，日语和意大利语分别是0.96和0.94，这样合成的句子的波形图和宽带语图见图12（汉语和英语）和附录四（意大利语和日语）。

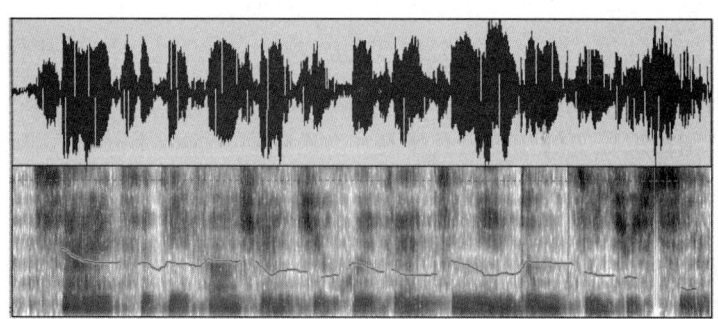

汉语原句"下一次地方选举会在今年冬季举行"

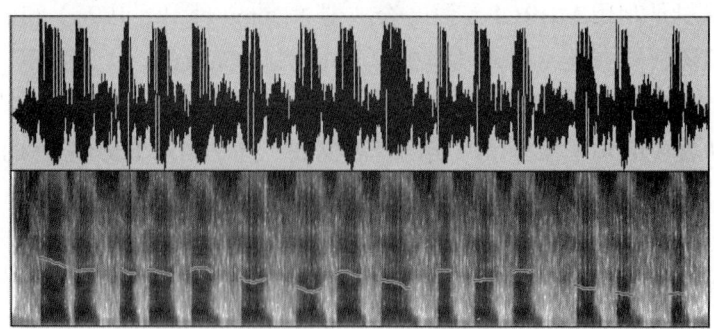

保存了原句音高模式的/sasasa/形式的汉语句子

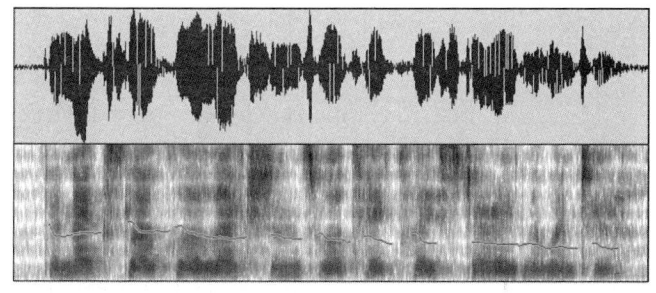

对应的英语原句 "The next local elections will take place during the winter"

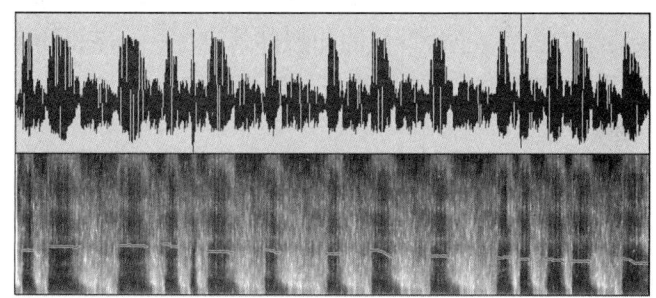

保存了原句音高模式的/sasasa/形式的英语句子

图 12　汉—英原句及保存了音高模式句子的波形图和宽带语图

在进行听辨实验之前，我们请英语、意大利语和日语的母语者对照原句和基频做过调整的合成的 /sasasa/ 句子进行了试听，他们认为合成的句子在音高模式上并没有因为基频的上升和下降而产生不自然或者不连贯的情况（从上文的数据也可以看到，实际上，对每种语言的基频数值调整的幅度都是很小的，系数都在 1.00 上下很小的范围内浮动）。

（二）被试

为了避免学习效应的影响，和实验一类似，本实验仍然采用了被试间的实验设计。三对语言的区分实验一共有 48 名被试参加，每人只参加了其中一对语言的区分。被试均为北京师范大学的本科生和研究生，其中男生 12 人，女生 36 人，听力正常。所有被试均未参加过实验二对仅包含节奏信息的句对的区分。

（三）实验过程

三对语言的区分（汉语—英语、汉语—意大利语、汉语—日语）仍然采用 AAX 任务，即先呈现两个属于同一种语言的句子，要求被试对第三个句子做异同判断。

在每一个实验里，根据两种语言合成的 40 个句子首先被分成两组（根据发音人 1 和 4 读的句子合成的语句为一组，发音人 2 和 3 读的句子为另一组），每组 20 个句子，分别组成 AA 和 X。每次呈现的 AA 里的两个句子都是随机选择的，不同语言的 AA 用 ABBA 的方式在被试间进行了顺序的平衡，做异同判断的 20 个句子的呈现顺序也是随机的，A 和 A 以及 X 之间的时间间隔均为 800 毫秒。实验开始之前，被试被告知他们听到的是两种非常奇怪的非洲部落语言——库鲁语和萨拉语，而且这两种语言都经过了一定的声音处理，这样做的目的是避免被试做不必要的猜测。

所有的实验都是在隔音效果良好的房间完成的，刺激通过耳机呈现，在正式实验之前有三个项目的练习。实验都不要求被试做快速反应，但是每个句子只能听一次而不能重复收听。

三、实验结果

对做异同判断的结果根据信号检测论做了整理和计算（具体结果见表 7），"击中"和"虚报"的具体含义以及区分率 A' 的计算方法见第 50 页公式。

表 7　不同语对中保存了原句音高模式的句子听辨结果（%）

	击中（H）	虚报（F）	A'	P
汉语—英语	0.77（0.11）	0.35（0.08）	0.78（0.11）	0.000
汉语—意大利语	0.74（0.10）	0.37（0.08）	0.76（0.10）	0.000
汉语—日语	0.70（0.10）	0.38（0.09）	0.73（0.11）	0.000

正态分布检验发现三个语言对的区分比率 A'（见图 13）都是符合正态分布的（$P > 0.05$），单样本 t 检验的结果表明它们都高于概率水平（汉语—英语 $t(15) = 9.822$，$P = 0.000$；汉语—意大利语 $t(15) = 10.873$，$P = 0.000$；汉语—日语 $t(15) = 8.143$，$P = 0.000$），这表明人们可以对保存了原句音高模式和节奏信息的 /sasasa/ 形式的汉语—英语、汉语—意大利语和汉语—日语的句对做出区分。

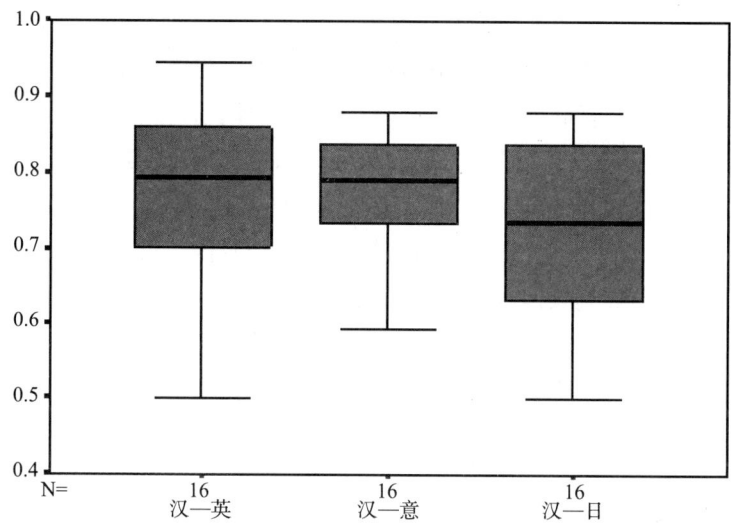

图 13　保存了音高信息的不同语言对的句子区分比率的分布

更重要的是对保存了原句音高信息的句对的区分要明显好于对平调的句对的区分（汉语—英语，F（1，30）= 5.37，P = 0.027；汉语—意大利语，F（1，30）= 8.668，P = 0.006；汉语—日语，F（1，30）= 4.259，P = 0.041），这和 Ramus et al.（1999，2002，2003）的相关研究结果存在很大不同，这说明在区分汉语和其他三种语言时，音高信息也是重要的线索。

四、讨论

Ramus et al.（1999，2002，2003）的研究发现，对保留了原句音高模式的句对和平调的句对的区分比率没有显著差异，即音高信息在区分这些语言的时候是没有作用的，但他的研究（英语—日语、英语—西班牙语、西班牙语—波兰语等）没有包括任何一种声调语言，非声调语言之间的语调差异可能不足以提供做出区分的有效信息。

根据音高所承担的语言功能的不同，语言通常被划分为两种类型，即声调语言和非声调语言（也被称为语调语言），二者之间的主要区别在于：声调语言要依靠音节水平上的音高变化来标记词汇意义，而非声调语言的音高变化只是短语或者句子层次上的。这样，声调语言的音高模式就既包括了"整体"的语调信息，也包括了"局部"的声调信息，二者在句子的水平上是融合在一起的，赵元任曾经用"大波浪上的小波浪"来形象地表示汉语声调和语调之间的关系。也就是说，声调语言和非声调语言之间音高模式的差异应该大于非声调语言之间音高模式的差异，因此，在区分非声调语言时没有作用的音高信息在区分声调语言和非声调语言时可能有重要作用。这在我们的实验中得到了证实。Grabe et al.（2003）也发现，在区分音高模式异同的时候，汉语被试在不同实验材料（语句或调频信号）上的结果没有差异，这和英语、西班牙语被试明显不同，这说明汉语被试是把一定音高模式的语句和纯音当作同样的刺激来加工的，主要的原因就在于汉语是声调语言而英语和西班牙语是非声调语言，在区分语句的时候，汉语被试也不能利用语言学层次上的音高信息。

音高模式和节奏特征等韵律信息在区分不同语言过程中的作用及其相互关系是受到广泛关注的一个问题（Cummins & Port，1998；Leavers，2001；Bond et al.，1998；Grabe et al.，2003）。语言既可以依据节奏的相似性程度进行分类，也可以依据音高模式的相似性程度进行分类，Cummins & Port（1998）发现在强度的变化方面（ΔEnv，Cummins 以此来定义语言的节奏特征），西班牙语和法语非常接近，即它们有相似的节奏特征；但在基频的变化（ΔF0）方面，西班牙语和英语更为接近，即它们有类似的音高模式。在区分既包含了音高信息也包含了节奏特征的语句的时候，是基于音高模式还是基于节奏信息做出异同判断，这取决于节奏或音高信息的相对凸显程度，具体来说：当两种语言在某一信息上的差别非常大而在另一信息上的差别比较小的时候，被试倾向于根据差别大的信息做出反映，差别小的信息可能不起作用或者可能起一定的阻碍作用。Ramus et al.（1999，2002，2003）就是这样的情况：他们所研究的语言在节奏特征方面的差别很大，音高模式却有一定的相似性，但是节奏特征的差异要远远大于音高模式的相似性，这样被试主要是基于节奏特征做出判断。可以看到，对保存了音高信息的句对和平调句对的区分率虽然没有显著差异，但有下降的趋势（见表8），这说明音高信息对区分实际上起了一定的干扰作用。我们的研究中，在保存了原句音高模式的句对时，因为汉语和其他非声调语言无论是节奏特征还是音高模式的差异都非常大，被试可以依据音高和节奏的双重信息做出区分，所以区分率最高。

表8 Ramus et al. 的研究区分实验的部分结果

	平调	保存音高模式
日语—英语	0.70	0.65
西班牙语—英语	0.65	0.61
波兰语—英语	0.61	0.55

另外，我们的研究和Ramus et al.的研究还存在两个重要的不同之处：

第一，在他们的研究中，需要做出区分的语言对被试而言都是非母语，而我们的研究中，每一次区分都包含了被试的母语和另外一种语言。研究（De Pijper，1983；Bond et al.，1998）发现，被试知道或者不知道实验材料是不是自己的母语对结果有很大影响。为了尽可能排除这一因素的影响，在实验指导语中，被试被告知他们所听到的都是两种不熟悉的非洲语言；实验结束之后，我们对被试进行了询问，他们报告并不能听出有一种语言是汉语。当然，要明确母语/非母语（无论被试知道或者不知道）对语言区分的影响还需要做进一步的研究。

第二，Ramus et al. 研究中的被试是法国人，而本研究中的被试是中国人。不同母语的被试对不同的语音信息的敏感程度是不一样的，会受到母语音系特征的影响（见图14）。比如，Hume & Johnson（2001）发现母语为韩国语的被试相对于母语为英语的被试对VOT更为敏感，这主要是因为韩国语通过VOT来区别紧辅音（tense）、松辅音（lax）和送气音（aspirated）的特征对立，而英语只用来区分清浊（voiced—voiceless）的特征对立，也就是说VOT在韩国语音系中的作用要大于其在英语音系中的作用，因此韩国语被试会更多地注意这一特征。法语没有声调，重音也主要是通过时长特征来体现的，即音高信息在法语中的作用远不如在汉语中的作用重要，因此，法语被试对音高模式的敏感可能不如汉语被试，我们的研究和Ramus的研究发现的语调在区分不同语言时的不同作用除了声调语言和非声调语言本身在语调模式上的差异以外，可能与汉语和法语被试之间对音高信息的敏感程度不同也有一定的关系。

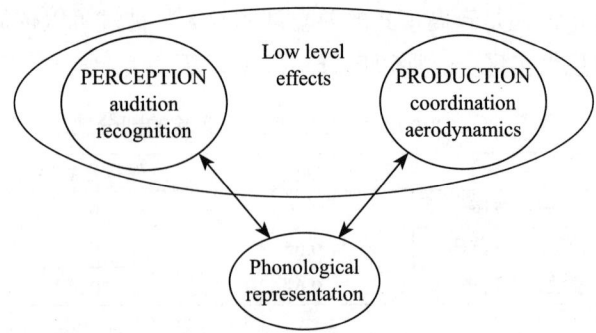

图 14　音系表征和语音感知之间的关系（引自 Hume & Johnson，2001）

总之，通过比较平调的句子和保存了原句音高模式的句子的区分结果，我们的研究发现，对汉语被试而言，除了节奏以外，音高信息确实也是区分汉语和其他语言的重要线索，这和已有的一些研究结果（Bosch et. al.，1997；Cummins & Port，1998；Leavers，2001；Grabe et al.，2003）也是一致的。

第四节　节奏耦合实验

一、研究目的

本实验（实验四）的研究目的是通过不同母语背景的被试节奏耦合（通常也被称为节奏伴随敲击实验）时的不同表现进一步考察语言节奏特征的差异。人在一边听声音刺激一边敲击或者拍打时，会自然地"寻找"声音信号中蕴含的规则性，从而使敲击和声音的规则性保持一致。既然不同语言存在节奏特征和节奏类型的差异，那么当敲击的同时伴随不同的语言时，语言的节奏可能会对敲击的节奏产生影响，即不同语言的节奏耦合可能具有不同的特点，实验结果也可以为语言的节奏分类提供一些新的证据。

二、研究方法

（一）实验材料

实验一产生任务所获得的录音材料中的英语和汉语部分，即汉语和英语句子各 20 个，这些句子在音节数和语速上都做了很好的控制和匹配，音节数均为 15 个，语速约为 180 毫秒 / 音节。

（二）被试

28 名被试参加了该实验，其中母语为汉语和母语为英语的被试各 14 人。汉语被试均为北京师范大学的本科生和研究生，其中男生 5 人，女生 9 人；英语被试为北京师范大学和北京语言大学的美国和英国留学生，其中男生 4 人，女生 10 人，在中国的时间少于三个月，汉语水平为初级。所有被试均为右利手。

（三）实验过程

实验包括两部分：第一部分为自发节奏敲击实验，目的是明确不同的母语背景是否会影响自发节奏的选择。被试用右手食指以自己感觉最放松的时间间隔敲击反应键，持续时间为 1 分钟，每两次敲击之间的时间间隔由程序自动记录。

第二部分为有语言伴随的节奏敲击实验，被试需要一边听母语的句子，一边敲击反应键，要求使敲击的节奏尽量和感觉到的语言节奏一致，每两次敲击之间的时间间隔同样由程序自动记录。每个句子呈现两遍，第一遍只听，第二遍伴随敲击，同一句子两次重复之间的间隔为 800 毫秒，不同句子之间的间隔为 1.5 秒。每个句子呈现之前均先呈现一个时长为 200 毫秒，频率为 400 赫兹的纯音信号作为提示音。

三、实验结果

我们以节奏变异系数（coefficient of variation，即 CV）作为指标考察不同母语的被试在自发节奏敲击和语言伴随敲击实验中的节奏特点。节奏变异系数是指每两次敲击之间时间间隔的标准差，反映了敲击过程中对时长模式的调节。

表 9　自发节奏和语言伴随节奏的变异系数

	自发节奏	语言伴随节奏
汉语	0.075（0.054）	0.33（0.065）
英语	0.076（0.046）	0.26（0.066）

方差分析发现，汉语和英语母语者在自发敲击时的节奏变异没有显著差异（F（1，26）= 0.365，P = 0.551），但在语言伴随敲击时，汉语被试的节奏变异要显著大于英语被试的节奏变异（F（1，26）= 7.741，P = 0.001）。这表明伴随语言确实会影响敲击时的节奏，而这种影响应该和伴随语言的节奏特点存在密切关系。

为了进一步探讨语言的节奏特征和伴随敲击节奏之间的关系，我们对节奏变异系数 CV 和反映语言节奏特征的 %V、ΔC 和 ΔV 进行了相关分析，结果发现 CV 和三个参数之间的相关均不显著（CV/%V：r = 0.184，CV/ΔC：r = -0.064，CV/ΔV：r = -0.11，P > 0.05）。这说明 %V、ΔC 和 ΔV 所反映的语言节奏特征和 CV 所代表的伴随敲击节奏特点可能反映了语言节奏特征的不同方面。

因为伴随敲击存在和"感知中心"（perceptual center，即 P-center）的耦合，参考 Lidji et al.（2011）的研究，对英语和汉语朗读语句元音之间的时长变异（coefficient of variation of intervocal interval，即 CV[IVI]）进行了计算，并进一步和语言伴随敲击的节奏变异（CV）进行了相关分析，发现二者之间的相关显著（r = 0.319，P < 0.01）。

四、讨论

本实验发现在语言伴随敲击时，汉语母语者的节奏变异显著大于英语母语者，因为两种母语背景的学习者自发敲击时的节奏变异并没有显著差别，语言伴随敲击时节奏变异的不同显然受到了各自母语节奏特征的影响。但是语言节奏变异和反映语言节奏特征的各声学语音学参数之间的相关均不显著，表明节奏耦合实验所反映的节奏和目前广泛采用的声学语音学测量方法反映的语言节奏特征在性质上并不相同。

节奏耦合实验经常应用于正常人和失乐症者（amusia）的音乐产生研究，研究发现有的失乐症者在音乐节拍伴随敲击时的节奏变异显著大于正常人，说明某些失乐症者在音乐节奏的产生方面存在困难（Phillips-Silver et al.，2011）。在音乐节奏的感知中，强弱交替的节拍（beat）规则具有决定性作用，所以节奏耦合可能主要和节拍的加工有关。自然产生的言语缺乏音乐的节拍，%V、ΔC 和 ΔV 所反映的也完全是辅音和元音时长模式的变异,因此与主要反映节拍的节奏耦合实验中的"节奏"关系并不密切。

语言伴随敲击的节奏变异和元音两两之间的时长变异存在显著相关,表明二者所反映的"节奏"可能具有一定的相似性和关联性。我们认为这种关联性和"感知中心"密切相关。在言语材料中,感知中心并不是声音的物理起点,而是大致位于辅音结束和元音开始的位置。每两个元音之间的时长实际上就是每两个相邻音节"感知中心"的时长,语言伴随敲击时需要使敲击和"感知中心"尽量保持一致,这实际上和音乐伴随敲击的情况是类似的。

至于为什么英语母语者的节奏变异小于汉语母语者的节奏变异,可能和英语中存在词汇重音从而更容易使敲击的节奏和语言的"节拍"耦合有关。如果这一假设正确,那么当使用节拍性更强的言语形式比如儿歌、诗歌等时,两者之间的差别可能就会消失。情况是否如此还有待继续研究,但鉴于语言敲击伴随实验所反映的节奏和本书所关注的语言节奏关系并不密切,在此将不进行相关问题的深入研究。

第五节 母语的节奏特征对非言语时长模式感知的影响

一、研究目的

本实验(实验五)的目的在于考察母语的节奏特征对非言语信号时长模式加工的影响。母语经验对非言语信息加工的影响近年来越来越受到研究者的关注,这种影响在母语为声调语言和非声调语言者感知正弦波信号的斜率变化方面表现得尤为明显(Bent et al.,2006;Luo et al.,2007),但母语的节奏特征对非言语信号时长模式加工的影响还很少有研究涉及。既然语言存在节奏特征和节奏类型的差异,那么母语的时长组织模式有可能对非言语信号时长模式的感知产生一定的影响,对这一问题的探讨有助于加强对言语和非言语信息加工关系的理解,从而对语言加工的模块化观点和相互作用观点有更为深入的认识(Chomsky,1980;Fodor,1983)。

二、研究方法

(一) 实验材料

实验材料为频率是 500 赫兹的方波(square wave)组成的重/轻间隔或者长/短间隔的声音序列,每个序列的时长为 10 秒。作为材料制作基础的单个方波信号有两种时长,分别为 150 毫秒和 250 毫秒。重/轻间隔的声音序列分别由两种基础方波信号和基础信号的音强增加至 1.5 倍或 2 倍组成,长/短间隔的声音序列分别由两种基础方波和基础信号音长增加至 1.75 倍或 3 倍组成(见图 15)。声音序列中每两个信号之间有 20 毫秒的时间间隔,同时为了消除顺序效应,重/轻和轻/重模式以及长/短和短/长模式是交替的,而且声音序列开始和结束的 2.5 秒分别进行渐入和渐出的处理。最终形成 16 个(2(基础时长)×2(模式交换)×4(音强和时长比例))作为实验材料的声音序列。

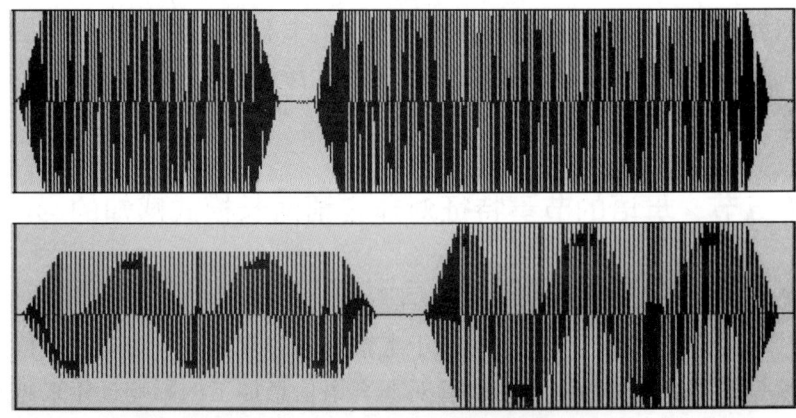

图 15 长/短和轻/重间隔模式

注:时长比为 1:1.75,音强比为 1:1.5。

(二) 被试

32 名被试参加了该实验,其中母语为汉语和母语为英语的被试各 16 人。汉语被试均为北京师范大学的本科生和研究生,其中男生 7 人,女生 9 人;英语被试为北京师范大学和北京语言大学的美国和英国留学生,其中男生 4 人,女生 12 人,在中国的时间少于五个月,汉语水平为初级。部分被试参加过节奏耦合实验,但两次实验的时间间隔了一个月左右,而且实验之间的差别很大,因此前一次实验不会对本实验产生影响。

(三)实验过程

实验时16个声音序列随机呈现,要求被试对自己感知到的声音模式做出判断,并从印在答题纸上的备选答案(四种模式)中选择。被试还需要对每次判断的确信程度做出选择(确信程度1—5,从低到高排列)。只有确信程度为4以上的选择才计入最后的数据分析。

三、实验结果

在被试的所有反应中,确信程度在4以上的比重为91%,进入后续的数据分析。汉语母语者和英语母语者对长/短模式和重/轻模式的判断情况见图16。

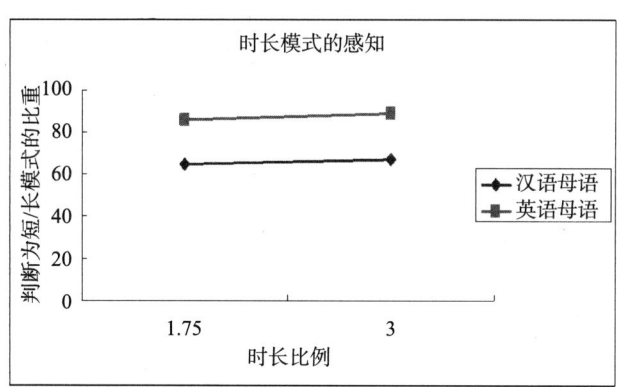

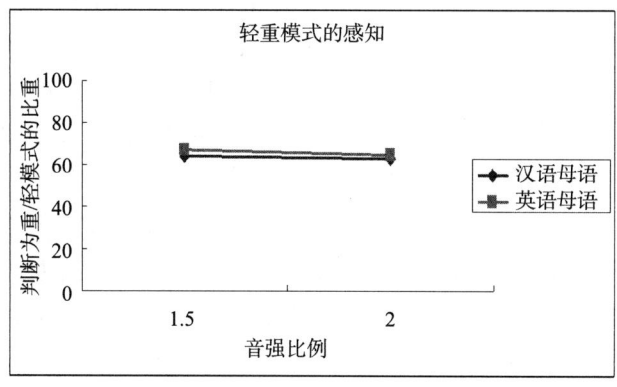

图16 长/短和轻/重模式的感知

可以看到，对于时长模式的感知，汉语母语者和英语母语者表现出了相似的反应倾向：短/长模式的判断均高于0.5的概率水平（1.75：汉语母语者，t（15）= 11.86，P < 0.01；英语母语者，t（15）= 14.23，P < 0.01。3：汉语母语者，t（15）= 14.23，P < 0.01；英语母语者，t（15）= 14.23，P < 0.01），也就是说，无论刺激是长/短还是短/长模式，都更倾向于被感知为短/长模式。对判断为短/长模式的比率进行两因素方差分析，发现存在母语背景的主效应（F（1, 30）= 100.434，P < 0.01），英语母语者的比率显著高于汉语母语者，时长比例的主效应（F（1, 30）= 3.546，P > 0.05）以及母语背景和时长模式之间的交互作用（F（1, 30）= 0.429，P > 0.05）均不显著。对于轻重模式的感知，两组被试也表现出了相似的反应倾向：重/轻模式的判断均高于0.5的概率水平（1.5：汉语母语者，t（15）= 11.337，P < 0.01；英语母语者，t（15）= 11.74，P < 0.01。2：汉语母语者，t（15）= 9.508，P < 0.01；英语母语者，t（15）= 8.649，P < 0.01），也就是说，无论刺激是重/轻还是轻/重模式，都更倾向于被感知为重/轻模式。对判断为重/轻模式的比率进行两因素方差分析，发现母语背景的主效应（F（1, 30）= 0.302，P > 0.05）、重/轻比例的主效应（F（1, 30）= 0.205，P > 0.05））以及二者之间的交互作用（F（1, 30）= 0.791，P > 0.05）都不显著。

四、讨论

本实验发现汉语母语者和英语母语者在感知非言语信号的时长和音强的变化模式时，既存在很强的共性，同时又存在一定的差异：对于由音强的变化产生的重/轻和轻/重模式，两种语言背景的被试都更倾向于将其感知为重/轻模式，而且判断为重/轻模式的比率也是相似的；对于由音长的变化产生的长/短和短/长模式，两种语言背景的被试尽管也都倾向于将其感知为短/长模式，但判断为短/长的比率却存在显著差异，我们认为这反映了时长和音强模式感知的语言普遍性和语言特定性，而不同母语被试对时长模式感知的差异同语言的节奏特征和节奏类型存在密切的关系。

对于时长和音强模式，人类和动物的感知均符合两个普遍规律，即音强更大的某个声音更容易被感知为一组声音刺激的开始,音长更长的某个声音更容易被感知为一组声音刺激的结束(Bolton,1894;Woodrow,1909)。汉语母语者和英语母语者对短/长、长/短和重/轻、轻/重模式的感知显然符合这两条普遍规律。那么为什么在感知时长模式时,英语母语者相对于汉语母语者更倾向于将其感知为短/长模式呢?我们认为,这与汉语和英语中的时长分布模式即韵律特征存在密切关系。英语中存在大量的元音弱化现象,反映在节奏特征上就是英语的ΔV要远高于汉语,也就是说英语元音之间的时长变异要远大于汉语。英语弱化元音主要出现在功能词(比如冠词)中,而功能词一般又出现在实词之前,从而形成短+长(弱化元音+全元音)的时长组织模式。因此,我们认为对本实验两组被试在时长模式感知方面的差异较为合理的解释是:母语的节奏特征即时长组织模式影响到了对非言语信息时长模式的感知,这与声调的音高变化会影响到对非言语信号音高斜率的感知是类似的。

既然英语中存在的"功能词+实词"的分布模式导致的"短+长"的时长分布模式影响到了对非言语信号时长模式的感知,那么这种"功能词+实词"的分布模式同样会产生"轻+重"的强度组织模式,为什么这并没有影响英语母语者对轻/重、重/轻的音强模式的感知呢?我们认为这主要和音强在英语词汇和语句重音感知中的地位和作用有关。和英语重音有关的声学参数主要有时长、音高、频谱倾斜(spectral tilt)、元音音质和音强,其中,起主要作用的是时长和音高,音强的作用最小(Sluijter & Van Heuven,1996)。也就是说,母语经验中音强的有限作用不足以影响对非言语信号轻/重模式的感知。

汉语轻声音节中也存在弱化元音,这同样会引起元音时长长短模式的变化,但和英语多为"短+长"模式不同,汉语多为长短模式,因为无论是汉语双音词中的轻声(比如"哥哥""西瓜")还是"单音词+助词"的组合(比如"他的""好吧")中的轻声都出现在后一个音节。但是这种时长模式并没有对非言语信息的时长模式感知产生实质性的影响,汉语母语者的感知仍然遵循"短+长"的时长模式感知的一般规律。我们认为这和汉语中弱化元音的分布数量有密切关系。但对汉语而言,尽管存在由轻声导致的元音弱化,但因其数量较少(可参看第二章第一节中"研究结果与讨论"),可能不足以使汉语母语者形成明确的"长+短"的时长感知模式。这个推论只是初步的,因为我们的实验中只有两组被试,并没有母语中不存在元音弱化和长短音对立因而 ΔV 很低的被试作为控制组进行组间比较,也就是说,如果汉语母语者的长短模式感知和该组被试相比没有差异,那就说明汉语的节奏特征确实并没有影响到非言语信号时长模式的感知;反之,如果汉语母语者判断短/长模式的比率低于该组被试,那就表明汉语的节奏特征仍然在一定程度上影响到了非言语信号的时长模式感知,只不过这种影响的作用有限,并不足以改变一般的感知规律。

这一实验结果证明母语的节奏特征确实会影响到非言语信号时长模式的感知,也进一步说明言语和非言语信息的加工可能有类似的机制。这和近期的很多研究结果是一致的,比如研究发现音乐经验会影响人们对汉语声调和语调等音高模式的感知(Wong et al., 2007)。

第三章
母语儿童和第二语言学习者汉语节奏特征的获得

第一节 汉语母语儿童的节奏获得

一、研究目的

在感知的层面，对语言节奏的敏感是人类与生俱来的能力，而且对以后的语言发展有重要影响；这里我们所说的节奏获得是指婴儿在言语产生中表现出和成人类似的节奏特征，而这和特定语言的音系特点有关。法语的音节结构简单而且又不存在元音弱化的情况，所以法语母语儿童的节奏获得年龄要早于英语母语儿童（Grabe et al., 1999）。汉语在决定语言节奏的两个重要音系特征上有其特殊性，一方面，汉语的音节结构更为简单，相对于法语和英语可以更早获得；但另一方面，汉语中同时又存在元音弱化的情况，弱化元音又是在较晚的年龄才能获得的。

本实验（实验六）选择了3.5岁左右的汉语母语儿童为研究对象（以法语的4.5岁儿童作为参照，同时考虑了任务的难度），通过比较成人和儿童节奏特征，考察汉语母语儿童的节奏获得情况。

二、预实验

（一）研究目的

3.5岁左右的儿童还不具有阅读能力，所以没有办法采用朗读任务，我们采用的是故事复述任务。但是故事复述任务没有办法像朗读任务一样严格控制语速，而语速对%V、ΔC和ΔV可能会有一定影响（Barry, et al., 2003），特别是ΔC和ΔV，因为两者计算的都是时长的变异，而语速的变化会对时长产生重要影响，比如语速加快会使辅音和元音的时长变短，从而引起ΔC和ΔV的相应变化（Lee & Todd, 2004）。尽管Frota & Vigário（2001）、Ferragne & Pellegrino（2004）以及Dellwo（2006）各自都提出了语速归一化的测量方法，但迄今为止还没有研究考察语速对汉语%V、ΔC和ΔV测量的影响，所以预实验的目的就是要通过考察不同语速条件下%V、ΔC和ΔV的变化，确定语速对不同参数的具体影响，从而在比较儿童和成人的节奏特征时采取相应的计算方法。

（二）研究方法

1. **发音人**：8名成人被试，都为女性，年龄在18—26岁之间，普通话标准。

2. **文本材料**：朗读的文本材料和实验一所使用的汉语材料完全相同，一共20个句子，每个句子都是15个音节。

3. **录音程序**：在朗读的同时，通过耳机呈现信号，开始是两个敲击声，最后是一个时长为100毫秒、频率为400赫兹的纯音，后一个敲击声和纯音之间的间隔分别为2100毫秒和3300毫秒，也就是语速为140毫秒/音节和220毫秒/音节左右，分别被定义为较快和较慢语速，而实验一中180毫秒/音节的语速被定义为正常语速。要求被试在听到第一个敲击声的时候做准备，听到第二个敲击声后立即开始朗读，尽量在听到纯音时能恰好读完整个句子。在正式录音之前要进行多次练习，正式录制时每个句子重复的次数平均也在10次以上。同时，要求被试在朗读句子过程中不能有停顿。4名被试用较快语速朗读了材料，另外4名被试用较慢语速朗读了材料。全部录音过程都在一个隔音效果良好的录音室完成，录音时发音人的嘴离话筒大约为30厘米，录音材料以44100赫兹采样，16比特保存。

4. **材料标注**：用Praat软件对较快和较慢语速的朗读材料进行了标注，标注的标准和方法与实验一朗读材料的标注相同。

（三）结果与讨论

我们分别计算了不同语速条件下的%V、ΔC 和 ΔV（见表 10）。

表 10　语速对 %V、ΔC 和 ΔV 的影响

	较快语速	正常语速	较慢语速
%V	51.4（3.6）	49.6（3.0）	50.2（3.2）
ΔC	37.5（5.1）	40.4（6.3）	44.1（6.5）
ΔV	26.0（4.6）	28.6（5.3）	32.3（6.2）

对不同语速条件下的 %V、ΔC 和 ΔV 进行方差分析发现，%V 在三种语速下的差异不显著（$F(2, 57)=1.879, P0=0.162$），ΔC 的差异显著（$F(2, 57)=6.024, P=0.004$），ΔV 的差异也显著（$F(2, 57)=6.992, P=0.002$）。这表明语速确实对 ΔC 和 ΔV 有重要影响，这就要求在对并未严格控制语速的自然话语的 ΔC 和 ΔV 进行比较时，必须做时长的归一化处理。

对 ΔC 和 ΔV 归一化处理的方法参考了 Frota & Vigário（2001）的做法：首先，每段辅音或元音的时长除以句子的总时长，这样就会得到一个辅音或者元音片段占句子时长的比重；然后，分别计算辅音和元音时长占句子时长比重的变异，用 Δ%C 和 Δ%V 分别来表示这种归一化的辅音和元音的时长变异。

另外，还可以看到，即使在不同语速下，ΔC 和 ΔV 的变化也并未超越节奏类型的边界，汉语在 %V、ΔC 和 %V、ΔV 所界定的节奏类型图的位置也并未发生实质性的变化（图 17），这也进一步验证了实验一的结果。

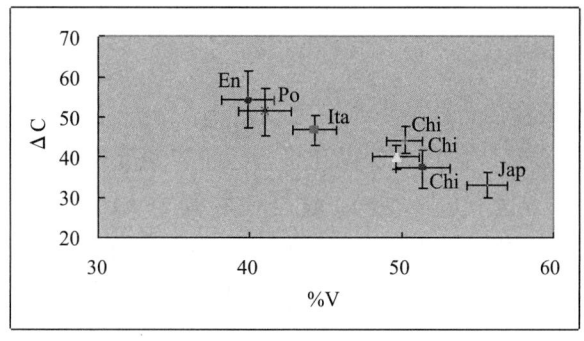

不同语速条件下汉语在%V、ΔC 所界定的节奏类型图上的分布

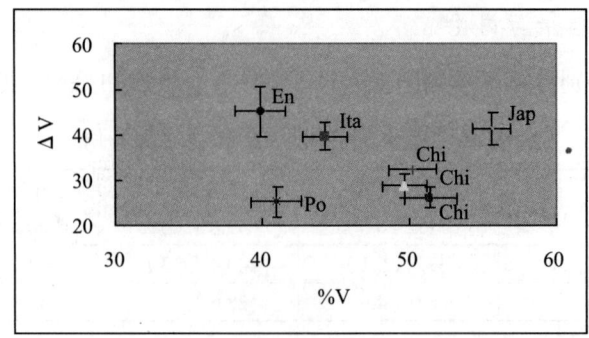

不同语速条件下汉语在%V、ΔV所界定的节奏类型图上的分布

图 17　不同语速对汉语节奏特征的影响

三、正式实验

（一）研究方法

1. **被试**：成人被试是北京师范大学的4位本科生和研究生，普通话标准；儿童的年龄在3岁到3.5岁之间，平均为3岁4个月，男孩和女孩各2名。

2. **任务**：实验采用看图片讲故事的形式进行，故事是《乌鸦喝水》，一共包括7张图片。要求儿童对成人讲的故事逐句复述，儿童的复述和成人的原话不一致时要求重复，以保证两者的录音材料是完全相同的。复述材料一共21句，每句的音节数在4—9个之间，一共123个音节（故事的文本见附录二）。

3. **录音程序**：全部录音过程都是在一个安静的房间里用MP3录制完成的，8000赫兹采样，16比特保存，然后把录音材料转到计算机做进一步分析。

4. **材料的标注**：我们发现，无论是成人还是儿童的话语，结尾的音节往往有过分拖长的现象，因此进行标注和分析的语料都没有把每一句话的最后一个音节包括在内，这样一共有21句话，102个音节，平均句长为4.85音节。用Praat软件进行辅音和元音的时长标注，标注标准和方法与前面实验对朗读材料的标注相同。

（二）实验结果和讨论

对完成标注的成人和儿童语料分别计算了元音占句子时长的比重（%V）、辅音部分的时长变异（ΔC）和元音部分的时长变异（ΔV），结果见表11。在本研究中，成人和儿童的语速分别为184毫秒/音节和202毫秒/音节，二者之间的差异显著（$F(1,40)=32.679$, $P=0.000$）。为了排除语速的影响，对ΔC和ΔV做了归一化处理，分别用Δ%C和Δ%V表示。

表11 汉语成人和儿童的节奏特征

	成人	儿童
%V	50.7（7.2）	52.2（7.7）
Δ%C	6.09（1.4）	6.47（1.0）
Δ%V	5.71（1.5）	4.52（1.1）

注：为了看起来方便，Δ%C和Δ%V的结果都乘了系数100。

方差分析发现3岁左右的儿童在%V（$F(1,40)=.423$, $P=0.519$）、Δ%C（$F(1,40)=1.034$, $P=0.315$）上和成人模式均没有差异，但在Δ%V（$F(1,40)=8.249$, $P=0.006$）上差异显著，这说明他们只是成功地获得了汉语的某些节奏特征，而另外一些节奏特征却并未获得。具体来说：

1. %V、ΔC和音节结构的获得

%V、ΔC（或者Δ%C）主要和音节结构的复杂程度有关，汉语的音节结构比较简单，可以概括为"(C)V(C)"结构，而这样的音节结构可以在较早的阶段获得（Levelt，1999），见图18。

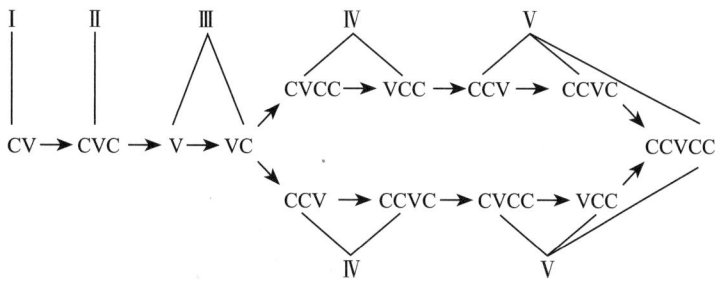

图18 儿童音节结构的发展（引自Levelt，1999）

可以看到，汉语的音节结构最晚在第三阶段就可以获得，这早于 CCVC 结构的法语和意大利语以及 CCVCC 结构的英语和荷兰语。

2. ΔV 和轻声以及元音时长模式的获得

ΔV（或者 Δ%V）就汉语而言，主要和轻声有关，轻声的最重要特征就是元音时长的缩短（林焘，1985）。儿童的 Δ%V 明显小于成人，这说明 3.5 岁左右的汉语母语儿童还并未完全获得母语轻声的时长特征。Grabe et al.（1999）对 4.5 岁左右的英语和法语母语儿童的研究发现，在反映元音时长变异的 PVI 上，法语母语儿童和成人模式没有差异，但英语母语儿童和成人模式的差异显著，主要原因在于英语中存在大量的元音弱化现象而法语中却没有。

我们认为，英语、法语和汉语母语儿童在元音的时长模式上可能经过了一个类似的发展过程，即从相对的规则性到相对的不规则性。我们也可以用标记性的强弱来表示这种发展过程，法语的元音时长模式是相对规则的，无标记或标记性弱，因此是最早获得的，而英语和汉语的元音时长模式是相对不规则的，有标记或标记性强，因此获得年龄较晚。

3. 弱化元音音质特征的获得

弱化元音和非弱化元音除了时长上的显著差异以外，在音质上也存在明显不同。英语弱化元音和汉语主要轻声音节的元音都是央元音 [ə]，在这一点上，二者是相同的，尽管它们数量上存在很大差异。

弱化元音 [ə] 是一个央、中、不圆唇元音，可以用第一、二共振峰来反映它的音质特征，即它在分布上位于第一、二共振峰所界定的声学元音图的中心位置，而非弱化元音却分布在声学元音图的四周边缘位置，见图 19。因此，从声学元音图的中心出发，弱化元音分布的离散程度应该比非弱化元音分布的离散程度小得多。

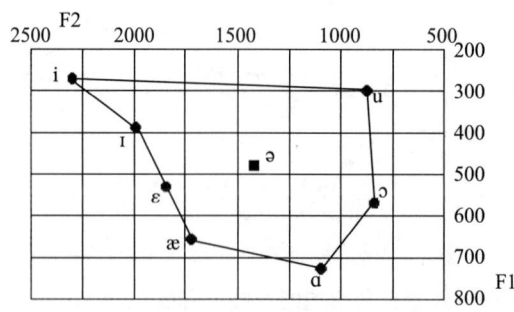

图 19　[ə] 在声学元音图上的位置

我们已经发现，3.5 岁左右的汉语儿童还并没有获得母语轻声的时长模式，那么他们是否已经获得了弱化元音的音质特征了呢？我们的假设是：如果 3.5 岁左右的汉语儿童已经获得了弱化元音的音质特征的话，[ə] 的分布离散程度和成人应该是类似的；如果 3.5 岁左右的汉语儿童还没有获得弱化元音的音质特征的话，[ə] 的分布离散程度应该比成人模式大（见图 20）。

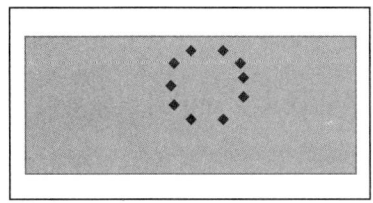
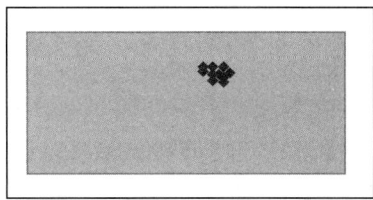

儿童模式　　　　　　　　　　成人模式

图 20　儿童和成人弱化元音可能的分布模式

因此，我们对故事复述任务中获得的成人和儿童录音材料中的 10 个轻声音节（10 个音节包括 4 个 "个"、4 个 "的"、1 个 "得" 和 1 个 "么"，具体见附录二，用斜体表示）的音质特征做了进一步的分析。

共振峰数值的获得仍然使用了 Praat 语音分析和编辑软件。在 [ə] 有明确的共振峰稳定段的时候，取稳定段的中心点作为 F1 和 F2 的值；有的 [ə] 时长比较短，并没有共振峰的稳定段，所以对共振峰数值的测量和计算参照了 Kuhl（1997）和 Low et al.（2000）的做法，即对每个 [ə] 的第一和第二共振峰都取 3 个点：起点、中点和终点，以 3 个点的平均值作为第一和第二共振峰的值。

成人和儿童央元音 [ə] 第一和第二共振峰的平均值见表 12：

表 12　成人和儿童 [ə] 第一、二共振峰的平均值

	成人	儿童
F1（赫兹）	598.6（93）	667.2（175）
F2（赫兹）	1265.6（66）	1143.7（155）

对成人和儿童央元音 [ə] 分布离散程度（图 21）的计算发现二者的差异显著（$F(1, 78) = 39.545$，$P = 0.000$），这说明 3.5 岁左右的汉语儿童还没有完全获得汉语弱化元音的音质特征。

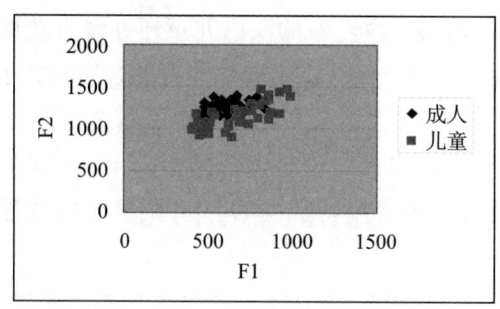

图 21　成人和儿童 [ə] 的分布情况

　　汉语轻声音节里的弱化元音和英语的弱化元音相同，都是央、中、不圆唇的 [ə]，[ə] 的特点是时长很短，在分布上靠近声学元音图的中心位置。我们的研究发现 3.5 岁左右的汉语母语儿童既没有获得弱化元音的时长特征，也没有获得它的音质特征，也就是说，和成人相比，儿童的弱化元音更长，更接近于非弱化元音的时长（表现在节奏特征上就是相对较小的 ΔV），相对于元音舌位图的中心位置，分布也更为离散。

　　Whitworth（2002）发现，虽然同为重音节奏的语言，但德语母语儿童获得母语的节奏特征要早于英语母语儿童，但他们的研究用 PVI 做指标，只考察了时长因素，我们认为英语和德语母语儿童在节奏获得年龄上的差异主要和两种语言的元音弱化情况有关：在数量上，英语弱化元音的分布要远远大于德语，德语的弱化元音只能出现在单词结尾和词缀的位置上；在语音特征上，德语的弱化元音比英语的弱化元音时长要长，也就是说弱化元音和非弱化元音的时长差异并不像英语那么大；德语的弱化元音也不像英语那样基本都是 [ə]，而是更接近于非弱化元音的音质特征，在声学元音图上的分布要比英语离散。这样，和英语母语儿童相比，德语母语儿童就更容易获得弱化元音的时长和音质特征，而二者的音节结构又是相似的（都是最为复杂的 CCVCC 结构），因此德语母语儿童获得母语的节奏特征就要比英语儿童早一些。

　　从不同语言音节结构的复杂程度和元音弱化情况，我们可以推测儿童获得母语节奏的大致情况：法语没有弱化元音，获得了音节结构就在很大程度上获得了母语的节奏特征，因此应该是最早获得的；德语有元音弱化，音节结构也要比法语复杂，因此节奏的获得要比法语晚；英语的弱化元音和非弱化元音在时长和音质上的差异都要比德语大，而二者又有相似的音节结构,因此英语母语儿童获得母语的节奏要更晚一些;汉语在这四种语言中有最为简单的音节结构,但弱化元音的语音特征又和英语相似(尽管数量上要少得多),因此节奏的获得年龄应该和英语是相似的。Grabe et al.(1999)从优选论的标记性观点出发,认为语言节奏特征的获得同样遵循标记性由弱到强的习得顺序:音节节奏的标记性最弱,甚至可以认为是语言节奏的默认状态,因此最早获得,而重音节奏标记性强,其获得需要额外赋值,因此获得年龄也较晚。本研究的结果为 Grabe et al. 的观点提供了更多支持的证据。因为儿童和成人的语句长度存在显著差异,所以没有办法进行感知实验,对于 ΔV(或者 Δ%V)在节奏区分中的作用我们将在第五章的综合讨论部分做进一步阐述。

第二节　英语母语者汉语节奏特征的获得[①]

一、研究目的

长期以来,研究者一直认为中国人、日本人甚至西班牙人说英语在节奏特征上和英语母语者存在很大差异,但这仅停留在研究者的个人感觉上,Low et al.(2000)和 Jian(2004)对新加坡英语和台湾人所说英语的节奏特征进行的研究为此提供了直接的证据。但是英语相对于汉语是标记性更强的语言,母语的标记性弱而所学习的外语标记性强,母语对外语产生负迁移是容易理解的,比如母语为日语的人在学习英语等音节结构复杂的语言时常常会在辅音后增加一个元音,使之更符合母语的音节结构,从而导致 %V 和 ΔC 的变化。

汉语的音节结构比英语简单,汉语中存在的元音弱化现象在英语中也存在而且更为普遍,那么母语为英语的汉语学习者是否可以很容易地习得汉语的节奏特征呢?本实验(实验七)将采用和实验一类似的言语产生任务考察母语为英语的中级汉语水平的学习者所说汉语的节奏特征。

[①] 本节和第三节所涉及的产生和感知实验与北京华文学院周士平合作完成,部分成果曾以《美国留学生习得汉语节奏特征之研究》为题发表于《暨南大学华文学院学报》2008 年 2 期。

二、研究方法

（一）被试

母语为英语、汉语作为第二语言（有的学习者还学习了其他语言，汉语只是其学习的外语语种之一，本文并不做严格意义上的区分，而只笼统地称为"第二语言"）的学习者4人，都为女性，美国人，年龄在19—24岁之间，均为在北京不同大学学习的留学生。来中国之前，都学过至少两年的汉语，到参加实验时，在中国学习的时间都超过1年，参加汉语水平考试（HSK）的成绩为7级或8级，可以认为是中级水平的学习者。

作为对照的汉语发音人是北京师范大学的4位本科生和研究生，女性，年龄在18—23岁之间，普通话标准。

（二）任务和材料

和实验一类似的句子朗读任务。

朗读材料是20个汉语句子，内容简单以保证学习者都能理解而且没有不认识的汉字，每句话都是8个音节（见附录三）。

（三）录音程序

4名汉语为母语和4名汉语为第二语言的发音人每人都被要求读20个句子中的5个。

为了控制语速，仍然采取了朗读的同时呈现听觉刺激的方法，即通过耳机呈现两个敲击声和一个时长为100毫秒、频率为400赫兹的纯音，后一个敲击声和纯音之间的间隔为1440毫秒，这样就可以把语速控制在180毫秒／音节左右。

全部录音过程都在一个隔音效果良好的录音室完成，录音时发音人的嘴离话筒大约为30厘米，录音材料以44100赫兹采样，16比特保存。

（四）材料的选择和标注

从8名被试朗读的351个句子中挑选出40个句子，对这些句子的平均时长（见表13）做单因素方差分析，差异不显著，（$F(1, 38)=0.216, P=0.645$），这样得到的汉语为母语和第二语言的句子的平均语速都保持在 180 毫秒/音节左右，可以排除语速对节奏特征可能带来的影响。

用 Praat 软件进行辅音和元音的时长标注，标注标准和方法与实验一朗读材料的标注相同。

表 13　汉语和英语发音人朗读的句子平均时长

	汉语发音人	英语发音人
时长（毫秒）	1468（60）	1459（54）

三、实验结果和讨论

对做过时长标注的汉语发音人和英语发音人所朗读语料的 %V、ΔC 和 ΔV 分别计算，结果见表 14：

表 14　汉语母语者和学习者的节奏特征

	汉语发音人	英语发音人
%V	50.0（2.8）	48.7（2.3）
ΔC	38.9（5.2）	41.7（6.0）
ΔV	26.1（4.4）	32.4（5.7）

方差分析表明，%V（$F(1,38)=2.889$，$P=0.097$）和 ΔC（$F(1,38)=2.604$，$P=0.115$）的差异不显著，ΔV 的差异显著（$F(1,38)=16.525$，$P=0.000$）。这说明母语为英语的中级水平的汉语学习者还未完全习得汉语的节奏特征。

在第二语言的语音习得研究中，音段特征的习得一直受到广泛关注，而语调和节奏等超音段特征的习得研究则很少，主要是因为缺乏反映这些特征的有效方法。在 Ramus（1999，2003）提出测量语言节奏的声学语音学参数之后，开始有研究（Low et al.，2000；Jian，2004；Stockmal et al.，2005；White & Mattys，2007）关注第二语言的节奏特征。

我们的研究发现，母语为英语的中级水平的汉语学习者不同于汉语母语者的节奏特征主要表现在前者有较高的 ΔV，也就是说他们在说汉语的时候仍然在很大程度上保留了母语的节奏特征，主要原因在于他们把时长不应该压缩的元音时长压缩了。这同 Low et al.（2000）对新加坡英语和 Jian（2004）对台湾人所说英语的节奏特征的研究结果实质上是一致的，他们发现新加坡英语和台湾英语的 ΔV 要显著低于美国或英国英语，主要原因在于新加坡人或者台湾人在说英语的时候并没有把需要压缩的元音时长进行压缩或者压缩的幅度不够。

汉语中也存在元音弱化，母语为汉语的人发[ə]应该是没有问题的；英语中有弱化元音也有非弱化元音，为什么他们在习得相互的节奏特征时还会存在很大的困难呢？

我们认为这主要和弱化元音在这两种语言中的的数量以及由此所导致的时长模式的差异有关。汉语的弱化元音只出现在轻声里，而轻声又以助词和语气词等功能词为主，数量比较少；而英语的弱化元音除了可以出现在 [ðə]、[əf] 等功能词里，还大量出现在多音节词的非重读音节里，比如 ['ləukəl]、[i'lekʃən]，从而导致两种语言在时长的分布模式上存在很大差异。英语可能更接近于"[- 长] [+ 长] [- 长] [+ 长] [- 长] [+ 长] [+ 长]……"的模式；汉语可能更接近于"[+ 长] [+ 长] [+ 长] [- 长] [+ 长] [+ 长] [- 长]……"的模式。也就是说，母语为英语的人说汉语或者母语为汉语的人说英语并不像日本人说英语那样在弱化元音本身上存在什么问题，而是保存了各自母语中由于弱化和非弱化元音数量上的不同而导致的不同时长分布模式。这和已有的一些研究结果也是一致的，比如研究发现在学习第二语言的语音时，元音的时长特征是最难习得的特征之一（Bond et al., 1998；Stockmal et al., 2005），而改变非母语者话语的元音时长模式可以极大地改善非母语者话语的可懂度（Tajima & Port, 1997；Bond et al., 1998）。这一结果再次表明对于影响语言节奏的音系特征，要综合考虑"质"和"量"两个方面的因素，"量"的差异同样可能带来节奏特征本质上的变化。

实验五发现英语母语者相对于汉语母语者更倾向于将声音信号感知为短 / 长交替的时长模式，这说明母语的节奏特征会影响非言语声音信号时长组织模式的感知。实验五和实验七的结果证明长期的母语经验对言语和非言语的时长模式加工具有重大的影响和制约作用。我们可以推测，母语经验的影响应该不仅局限于时长信息，而是涉及音高、强度、频谱分布等各个方面，这可能是由母语经验的"锚定效应"（anchoring effects）决定的，也就是说，最初的语言经验决定了之后言语和非言语信息的加工。

第三节　节奏特征和音高信息对感知"外语口音"的作用

一、研究目的

在言语产生任务中，我们发现母语为英语的中级水平学习者还未习得汉语的节奏特征，主要表现在元音的时长变异（ΔV）要大于母语者。那么，汉语母语者能不能感知到母语者和非母语者之间这种节奏特征的差异呢？换言之，言语产生实验所发现的这种节奏特征的差异能否为感知"外语口音"提供有效的信息呢？Low et al.（2000）、Jian（2004）、Stockmal et al.（2005）和 White & Mattys（2007）等对第二语言节奏特征的研究都只考察了言语产生任务中母语者和非母语者在%V、ΔC 和 ΔV 或者其他节奏参数上的差异，并没有采用感知任务。利用语言合成的方法考察节奏特征对于感知"外语口音"的作用在之前极少有研究涉及。

另外，我们在实验三中发现，音高信息在区分汉语和其他非声调语言时起了重要作用，那么在区分"外语口音"的时候，音高模式和节奏特征又有什么样的作用和相互关系，这也是本实验（实验八）所要考察的。

二、研究方法

（一）实验材料

材料是利用 MBROLA 语音合成软件（Dutoit, T. et al., 1996）和 Praat 语音分析和编辑软件共同制作完成的（具体过程可参考第二章第二、三节关于实验材料的说明），最终合成了两种刺激材料，即平调的和保存了原句音高模式的 /sasasa/ 形式的句子。

表 15　母语者和学习者所读句子的平均音高

	汉语发音人	英语发音人
音高（赫兹）	208.4（17.7）	191.9（10.5）

由于汉语母语者和第二语言学习者句子的平均音高（见表 15）存在明显差异（$F(1, 38) = 12.998$，$P = 0.001$），为了避免合成的保留了原句音高信息的句子在整体听感上的高低差异对被试判断可能产生的影响，我们在进行基频替换的时候以汉语母语者句子的平均音高为基准，

对英语发音人说的句子的平均音高乘以一个系数 1.09。最终合成的句子波形图和宽带语图见图 22。

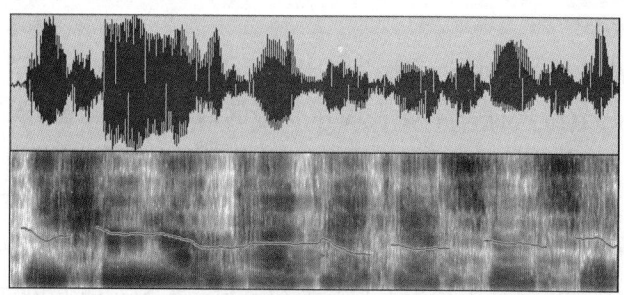

汉语母语者读的句子

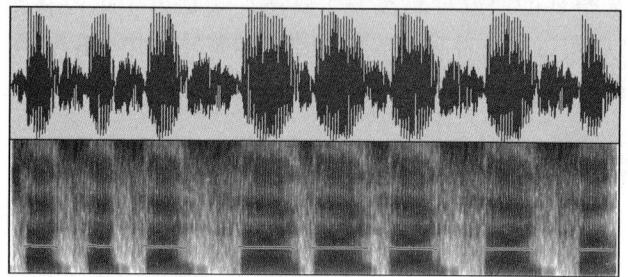

根据母语者原句合成的平调句子

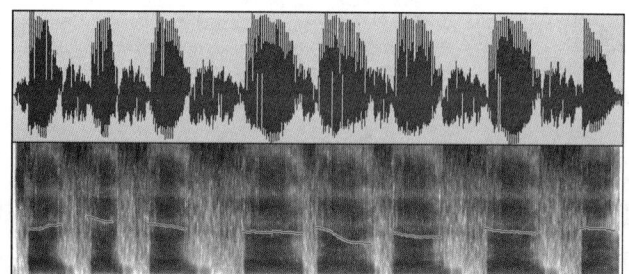

根据母语者原句合成的保存了音高模式的句子

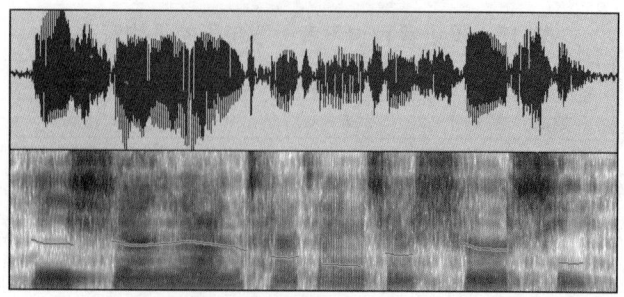

学习者读的原句

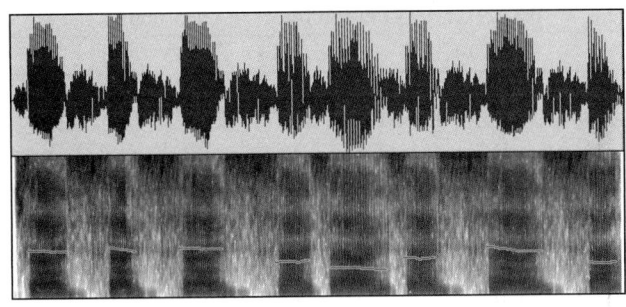

根据学习者原句合成的平调句子

根据学习者原句合成的保存了音高模式的句子

图 22 母语者和学习者的原句及合成的平调和保存了音高模式的句子

在进行听辨实验之前，我们请汉语母语者对照原句和基频做过调整的合成的 /sasasa/ 句子进行了试听，他们认为合成的句子在音高模式方面并没有因为基频值的调整而产生不自然或者不连贯的情况。

（二）被试

节奏和节奏+语调的区分采用被试间涉及，一共有 32 名被试参加，每人只参加了两个实验中的 1 个。被试均为北京师范大学的本科生和研究生，其中男生 8 人，女生 24 人，右利手，听力正常。

（三）实验程序

两个语言对（平调/保存了音高模式的句对）的区分都采用 AAX 任务，即先呈现两个属于同一种语言的句子，要求被试对第三个句子做异同判断（具体过程可参考第二章第二、三节对于实验程序的介绍）。所有的实验都是在隔音效果良好的房间完成的，刺激通过耳机呈现，在正式实验之前有三个项目的练习。所有的实验都不要求被试做快速反应，但是每个句子只能听一次而不能重复收听。

三、实验结果与讨论

对由汉语母语者和学习者原句合成的平调的和保存了语调信息的 /sasasa/ 形式的句子听辨结果根据信号检测论做了整理和计算（具体结果见表16），"击中"和"虚报"的具体含义以及区分率 A' 的计算方法见第二章第三节中"实验结果"。

表 16　平调和保留了原句音高模式的 /sasasa/ 形式的句子听辨结果（%）

	击中（H）	虚报（F）	A'	P
平调	0.56（0.15）	0.45（0.06）	0.59（0.14）	0.032
有语调	0.54（0.11）	0.49（0.06）	0.53（0.16）	0.411

正态分布检验发现两个语言对的区分比率 A'（见图23）都是符合正态分布的（$P > 0.05$），单样本 t 检验的结果表明对平调的 /sasasa/ 形式的句子的区分高于概率水平（$t(15) = 2.362$，$P = 0.032$），但对保存了音高信息的句子的区分和概率水平相比没有显著差异（$t(15) = 0.362$，$P = 0.411$）。

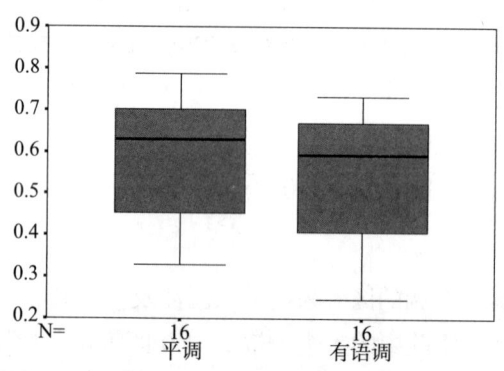

图 23　平调和有语调句对区分比率的分布情况

所谓"外语口音"是指"非母语者话语的语音特征并没有达到母语者所认为的符合该语言规范的情况"（Anderson et al.，1992）。"外语口音"主要是由第一语言和第二语言的音系冲突引起的，即第二语言的语音（无论是产生还是感知任务）不可避免地受到已经建立起的母语音系框架的影响。

母语者对"外语口音"及其强弱程度是非常敏感的，研究（Flege et al.，1996；Fox，2000）发现在某些情况下，听话人甚至仅仅依靠30

毫秒的语音片段就能判断出说话人是母语者还是非母语者。在第二语言的语音习得研究中，音段特征的习得一直受到广泛关注，因此，在研究"外语口音"的感知时，音段特征的作用也受到普遍重视。研究发现，音段特征提供了感知"外语口音"的重要线索：Major（1987）研究了巴西人学习英语的情况，结果发现VOT的准确性和"外语口音"的程度存在显著的负相关，也就是说学习者越能准确习得英语清/浊的特征对立，被英语母语者判断为"外语口音"的程度就越低；Ingram & Pittam（1987）对越南人学习英语的研究发现，学习者的元音特征对"外语口音"的觉察比辅音特征的作用更大；Magen（1998）考察了西班牙人学习英语的情况，发现辅音的发音部位特征对"外语口音"的感知有重要影响，但英语母语者对清浊特征并不敏感。

言语中既包括音段信息也包括超音段信息，既然音段特征对"外语口音"的觉察有重要意义，有理由相信音高模式和节奏特征等韵律信息在"外语口音"的感知中也有重要作用。但是韵律特征在"外语口音"觉察中的作用直到最近才引起重视：Jika（2000）发现语调的差异足以区分德语口音的英语或者英语口音的德语，但音段的作用要大于语调；Mareüil（2006）发现在感知带有西班牙语口音的意大利语和带有意大利语口音的西班牙语时，语调的作用要大于音段的作用。

Low et al.（2000）、Jian（2004）和Stockmal et al.（2005）等对第二语言节奏特征的研究都发现外语学习者确实具有不同于母语者的节奏特征，但是他们的研究只考察了言语产生任务中母语者和非母语者在%V、ΔC和ΔV上的异同，并没有采用感知任务。我们的研究利用语言合成的方法考察了节奏特征在感知"外语口音"中的作用，发现汉语被试可以对只保留了节奏特征的汉语母语者和母语为英语的第二语言学习者的话语做出区分，这支持言语产生实验所发现的汉语母语者和第二语言学习者有不同的节奏特征，也表明节奏特征提供了区分"外语口音"的重要信息。

汉语母语者和学习者的节奏特征只在反映元音时长变化的ΔV上有差异，在%V和ΔC上没有差异，而被试仍然能对二者做出区分，这一方面支持了Ramus（1999，2002，2003）的结果，另一方面也表明ΔV的作用不只局限于区分波兰语和重音节奏的语言，ΔV和%V、

ΔC一样，反映了语言节奏特征的重要方面，%V、ΔC 和 ΔV 在区分不同语言节奏特征过程中可能有相同的机制（基于 ΔV 和 %V、ΔC 信息的节奏感知机制我们会在最后的综合讨论部分加以阐述）。

进一步比较平调的和保存了原句音高模式的句子的区分结果可以发现，人们可以仅仅基于节奏特征对平调的母语者和学习者读的句子做出区分，但当增加了音高信息之后，对二者的话语则不能区分，这是由于母语者和学习者的音高模式非常相似，掩盖了节奏差异的区别作用。这和 Ramus（1999，2002，2003）以及我们在实验二和实验三中的结果也是一致的，也就是说，当汉语母语者和学习者节奏特征的差异要远远小于音高模式的相似性时，被试主要是基于音高信息做出判断。

第四章
语言节奏加工的神经机制研究[①]

第一节 节奏/语调和音位/语义信息在语言区分中的神经竞争

一、研究目的

Ramus 及其合作者提出测量语言节奏新的声学语音学方法的直接证据最早来自婴儿语言区分的实验结果（Nespor et al., 1998; Ramus et al., 1999, 2000）。对语言的区分可依赖的信息是随着语言经验的增加而不断增加的：婴儿特别是新生儿只能利用节奏和语调等低层信息，而出生 5 个月的婴儿可以利用母语的音位信息区分语言（Ramus, 2002），随着语义的获得，词汇就提供了最简洁、最有效的语言区分线索。那么，在有多重线索可以利用的情况下，较低加工层次的节奏和语调信息与较高加工层次的音位和语义信息之间、较低加工层次的节奏和语调信息之间以及较高加工层次的音位和语义之间会形成什么样的关系？这些信息之间的关系是合作性的还是竞争性的？这在神经活动上会有什么

[①] 本章所涉及的三个功能性磁共振成像实验的实施和数据分析，得到了北京师范大学认知神经科学与学习国家重点实验室舒华教授的指导，与王晓怡、赵晶晶、周峰英等人合作完成。部分研究成果曾分别以 *Cortical Competition during Language Discrimination* 和 *Common and Distinct Neural Substrates for the Perception of Speech Rhythm and Intonation* 为题发表于 *NeuroImage* 2008 年第 3 期和 *Human Brain Mapping* 2010 年第 7 期。

样的具体表现？对这些问题的探讨（实验九）对于理解不同层次的语言信息加工之间的关系，特别是婴儿最初的语言区分机制无疑具有积极意义。

二、研究方法

（一）实验材料

实验材料是行为实验一、二和三使用过的材料，包括两类：一类是录音材料，一类是在录音材料基础上做过语音编辑处理而重新合成的材料。录音材料使用的是实验一中使用过的汉语、英语、日语和意大利语句子各20个，经过语音编辑和合成处理的材料为录音二中使用过的仅包含节奏信息的汉语和英语句子各20个，以及实验三中使用的包含节奏和语调信息的汉语和英语句子各20个，这样一共有160个句子作为实验材料。

（二）被试

18名被试自愿参与了本研究，其中6名男生，12名女生。他们的年龄均在20到26岁之间，平均年龄22.3岁。所有被试都是听力正常且以汉语为母语的大学生。他们都从初中开始学习英语，并且没有学习过意大利语和日语。被试都经过中文版修订的爱丁堡利手问卷测查为右利手，没有神经和精神系统疾病史，且均未受过音乐训练。在正式扫描之前，被试均需要书面签订由北京师范大学认知神经科学与学习国家重点实验室拟定的被试知情同意书，实验后获得少量报酬。

（三）实验前训练

进入正式实验之前，被试首先要进行学习训练，学习的过程主要包括材料熟悉和归类判断两部分。材料熟悉和归类判断主要针对以下三种材料进行：被试不熟悉的两种语言——意大利语和日语、包含节奏和语调的人工合成的句子、只包含节奏的人工合成的句子。首先让被试学习只包含节奏的人工合成的句子，并告诉被试下面会学习两种非洲部落的语言，请他们认真听，并尽量辨别两种语言的差异；在材料熟悉过程中，先让被试交替听5个由汉语修改的只包含节奏信息的人工合成句子和 5 个由英语修改的只包含节奏信息的人工合成句子，然后分别集中听 5 个由汉语修改的人工合成句子和 5 个由英语修改的人工合成句子，这个熟悉过程是包括反馈的，即告诉被试听到的人工合成的句子属于这两种非洲语言的哪一种。熟悉过程结束后，进行归类训练，要求被试对 20 个随机顺序排列的只包含节奏信息的人工合成句子进行归类判断，判断听到的两个句子属于哪一种非洲部落语言。归类训练练习结束之后，被试进入归类判断测验，对 80 个随机排列的人工句子进行归类判断，并记录判断的正确率。第一个归类训练结束后，被试进入第二个归类训练，过程与第一个归类训练类似，但材料换成包含节奏和语调的人工合成句子，告诉被试将学习两种印第安部落语言并在测验中判断听到的句子是哪种印第安部落语言。最后进入第三个归类训练，材料是意大利语和日语，过程同前两个训练过程类似，但明确告诉被试学习的是意大利语和日语，并要求判断听到的句子是意大利语还是日语。学习过程中，通过索尼 MDR-Z500 耳机呈现声音刺激，DMDX3.0.20 自动控制刺激呈现的顺序。分别分析每个被试在三种条件的归类训练中的辨别正确率，结果见散点图 24。

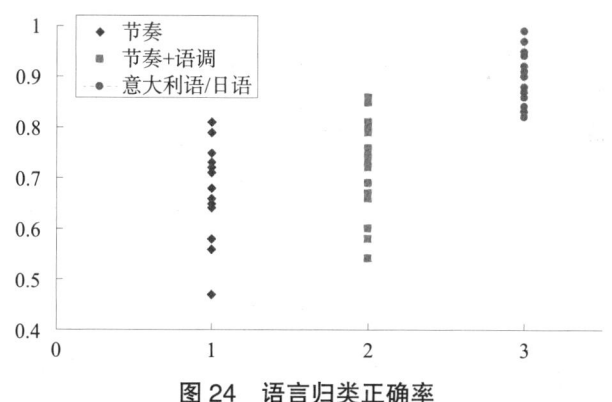

图 24　语言归类正确率

从图中可以看到，在节奏条件下，除一名被试的正确率低于 50%，其他被试的正确率都在 50% 以上，在"节奏 + 语调"条件下，所有被试的正确率都高于 50%，而在意大利语 / 日语的归类任务中，所有被试的正确率都在 80% 以上。重复测量的方差分析发现三个条件下的正确率之间存在显著差异，进一步的两两比较发现意大利语 / 日语条件的正确率好于"节奏 + 语调"条件（$P < 0.01$），"节奏 + 语调"条件好于节

奏条件（$P < 0.01$）。这说明无论"语言"是经过语音编辑处理并重新合成的人造句子还是真实存在的日语和意大利语，大部分被试都能在很短的时间内发现两种"语言"之间的差别，并能够利用相应的规则信息对属于不同语言的句子进行归类。在整个训练结束后，我们还对每名被试进行了访谈，结果发现一些被试能够明确说出在哪种条件下是利用节奏特征，哪种条件下是利用语调特征，哪种条件下是利用音位特征信息进行辨别；但是还有一些被试并不能非常明确地总结出两种语言的差异到底在哪些方面，不过他们可以进行正确辨别和归类；还有几个被试明确表示不只使用了一种特征。

（四）实验过程

经过短时间的学习训练后，被试被安排在学习之后的第二天进行正式的脑成像扫描。在正式扫描的过程中，被试被要求完成一个 AX 辨别任务，即要求被试判断听到的第二个句子与第一个句子是不是属于同一种语言。第一个句子与第二个句子之间的刺激间隔（ISI）为 1200 毫秒。因为每个句子的长度都在 2700 毫秒左右，为了避免由于句子过长，被试混淆两个不同的项目里的句子，我们在每个项目起始的时候增加了一个时长为 100 毫秒的 1000 赫兹纯音提醒被试接下来听到的两个句子属于同一个项目，并判断紧接着听到的第二个句子和第一个句子是不是属于同一种语言。纯音刺激和第一个句子之间间隔 100 毫秒。刺激呈现时间和顺序由 E-Prime1.1 控制。

实验采用事件相关设计，一共包括四个 session（实验片段）。每个 session 只包含四种实验刺激中的某一种。考虑到几种实验刺激之间辨别难度的差异和疲劳效应，我们设定了三种实验顺序，把两种比较难的人工合成的刺激辨别安排在了实验中间的两个 session。顺序一：意大利语/日语（session 1），包含节奏和语调的人工合成句子（session 2），只包含节奏的人工合成句子（session 3），汉语/英语（session 4）；顺序二：汉语/英语（session 1），只包含节奏的人工合成句子（session 2），包含节奏和语调的人工合成句子（session 3），意大利语/日语（session 4）；顺序三：意大利语/日语（session 1），只包含节奏的人工合成句子（session 2），包含节奏和语调的人工合成句子（session 3），汉语/英语（session 4）。18 名被试被平均分配到这三种顺序，每种顺序 6 个人。

每个session都包含40个项目，即40对句子，其中20对句子属于同一种语言，被试应该反应为"相同"，20对句子属于不同的语言，被试应该反应为"不同"。在20对相同反应的句子中，10对来自其中一种语言，另外10对来自另外一种语言；在20对不同反应的句子中，10对的两个句子的顺序为一种语言在先，另一种语言在后；另外10对两种语言互换。正式实验中，40个项目随机呈现。实验中被试被要求听到第二个句子的时候尽可能快而且尽可能准确地做出判断，反应时从第二个句子开始呈现时记录。在正式扫描前，被试首先要在扫描仪外进行练习，每种刺激练习12个项目。

（五）图像采集

脑成像实验是在四川成都华西医院完成的，图像由该医院配备的通用电气（GE）核磁共振扫描设备获得，场强为3特斯拉（T）。所有被试在扫描过程中都佩戴一套叫做"fMRI Silent Scan Audio"的系统（型号：SS3100，AVOTEC）。在正式实验前保证每名被试双耳都能够清楚听到刺激的声音，并且两个耳朵的音量相同。被试的头部被调整到磁场的中心。被试被要求放松身体，并在扫描过程中尽量不要动，尤其是头部，同时在扫描过程中保持一直闭眼。EPI序列被用来采集功能数据，参数如下：TR = 2000毫秒，TE= 30毫秒，FA=90度，FOV = 240毫米×240毫米，64×64矩阵，每个全脑扫描26层，层厚4毫米，间隔0毫米。像素大小：3.75毫米×3.75毫米×4毫米。SPGR序列被用来采集高分辨率的三维大脑结构图，参数如下：TR = 8.46毫秒，TE = 3.336毫秒，FA = 25度，320×256矩阵，每个全脑扫描156层，层厚1毫米，间隔0毫米。事件相关设计的两个项目起始之间的间隔TOA(trial onset asynchronies)有四种情况，分别为10秒、12秒、14秒、16秒，平均的项目长度为11秒。每个session中，在第一个正式实验项目呈现之前，有8幅图像的采集是伴随无任务状态的，目的是去除磁场匀场过程中的信号不稳定；最后一个项目结束后，同样有8幅图像伴随无任务状态采集，目的是为了得到一长段比较稳定的基线，因此每个session会得到236幅图像，用时7分52秒。整个实验需40分钟左右，包括最后6分钟左右的大脑三维结构像扫描。

(六)脑成像数据分析

脑成像数据的预处理和统计分析都使用 AFNI（Cox & Hyde, 1997）软件完成。最前面的 7 幅图像被删除，因为匀场过程中的信号不稳定，这些图像都是无任务状态采集的，不包含实验的刺激项目。使用六参数的刚体变换（Cox & Jesmanowicz, 1999）对功能像进行头动校正，所有的功能像都和第八幅图像对齐。所有图像都被重新采样成像素大小 3 毫米 ×3 毫米 ×3 毫米。在预处理图像的基础上，对单个被试建立模型，采用广义线性模型（GLM）估计每个被试个体的统计激活图。首先，根据实验设计刺激顺序安排及 TOA 间隔，对每种条件产生一个二进制的刺激序列，刺激出现的 TR 为 1，刺激未出现的 TR 为 0；其次，AFNI 中的 3dDeconvolve 程序被用来对每个被试的每个条件进行回归分析，回归因子由二进制的刺激序列与 gamma 函数卷积得到，回归分析会在每个被试的每个条件的每个像素都得到一系列回归系数（从刺激呈现的 0 秒开始到刺激呈现后的 14 秒，每 2 秒得到一个回归系数）；每个条件下的回归系数都是和事件相关设计的内隐基线相比较得来的（基线即整个 session 的平均激活强度）。每个个体的结构像和功能像都被标准化到 Talairach & Tournoux（1988）空间下。最后对统计图进行空间平滑，和 6 毫米 FWHM 的高斯函数进行卷积，使像素符合高斯场分布。组分析使用随机效应分析，将每个被试每个条件的经过 Talairach 标准化的像素回归系数进入双因素混合方差分析，条件作为固定因素，被试作为随机因素。组分析的统计激活图是将每个个体的激活图 t 值跟 0 进行比较。组分析激活图的阈限定在像素水平 $t > 3.95$，$P < 0.001$，每个 cluster（团块）的激活阈限定在 270 立方毫米。为了分别比较两种正常句子的实验任务和两种人工合成句子的实验任务之间的差异，我们还进行了任务相减的比较分析（阈限为 $P < 0.05$，每个 cluster 的激活阈限定在 378 立方毫米）和感兴趣区分析（ROI analysis）。感兴趣区分析选择了日语/意大利语条件和汉语/英语条件下特异性激活的脑区：左脑的额下回鳃盖部（left inferior frontal gyrus, opercular）和左脑颞下回（left inferior temporal gyrus）分别被选为感兴趣区。我们选择这些区域在相应条件特异性激活的峰值点作为感兴趣区的中心，以该坐标点为中心、以 7 毫米为半径的球形区域为感兴趣区区域，计算了从 2 秒到 14 秒的 BOLD 信号变化百分比。

三、实验结果和讨论

（一）行为实验结果

行为反应的正确率和反应时如表17所示。被试对四种条件的句子的区分率均高于概率水平（$P < 0.05$），说明被试可以基于较低加工层面的韵律信息和较高加工层面的音位和语义信息区分语言。对区分不同条件下的句子的正确率和反应时分别进行单因素重复测量的方差分析，发现正确率（$F(3, 51) = 73.466$，$P < 0.01$）和反应时（$F(3, 51) = 28.252$，$P < 0.01$）的差异都显著。进一步的多重比较发现，正确率只有两种节奏和"节奏+语调"条件之间的差异不显著，其余条件之间的差异均显著（$P < 0.01$），说明区分包含了音位和"音位+语义"信息的语言比区分只包含节奏和"节奏+语调"信息的语言更准确，而区分包含了"音位+语义"的语言要比区分只包含了音位信息的语言更准确。反应时的多重比较发现，只有区分包含了"音位+语义"信息的句子的反应时短于其他三个条件（$P < 0.01$），而其他几个条件的差异都不显著，这说明在有词汇语义的情况下，区分两种语言是最容易的，而区分包含音位和韵律信息的语言需要相同的加工时间。

表17 不同条件下的区分正确率和反应时

	节奏	节奏+语调	日语/意大利语	汉语/英语
区分正确率（%）	0.59（0.09）	0.63（0.08）	0.79（0.14）	0.96（0.07）
反应时（毫秒）	3126（364）	3057（458）	2904（413）	2295（678）

（二）行为实验结果讨论

从反应模式来看，符合我们的预期。两种语音合成的句子区分难度相对于正常句子要大，因为对它们的区分只能利用更低级的声学语音学信息（节奏和语调），这些特征更难抽取，表现为较低的正确率。但两种合成句子的区分反应时却和包含了音位信息的语言——意大利语/日语相同，同时远远慢于包含了语义信息的语言——汉语/英语的区分，这说明音位分析和韵律分析需要相似的加工时间，而语义知识的运用则是自动化的。节奏和"节奏+语调"句子区分的正确率没有发现有差别，这与我们之前的行为研究结果（实验三和本实验的归类训练）明显不同，行为实验三发现对包含节奏和语调信息的句子的区分明显高于对只包含了节奏信息的句子的区分,归类训练也发现识别包含节奏和语调信息的句子的正确率高于只包含节奏信息的句子。造成差别的原因可能是脑成像扫描时的行为数据与非扫描过程中记录的行为数据会略有偏差造成的;不过,仍然可以看到脑成像实验的行为反应结果中包含"节奏+语调"信息的句子的区分确实比只包含节奏信息的句子的区分正确率要高一些,反应时也更快一些,只不过差异没有达到显著。另外,行为实验三的结果是基于信号检测论的实验范式和统计方法得到的,这可能也是造成结果存在差别的一个原因。

(三)脑成像实验结果

1. 组分析

图 25 是四种条件下脑激活情况的组分析图。可以看到,语言区分涉及的脑区以颞叶为主,同时由于任务反应的需要,涉及的脑区还包括了额叶的辅助运动区(SMA)、顶叶的主运动区以及小脑;此外,四种条件还都不同程度地涉及额下回的参与。

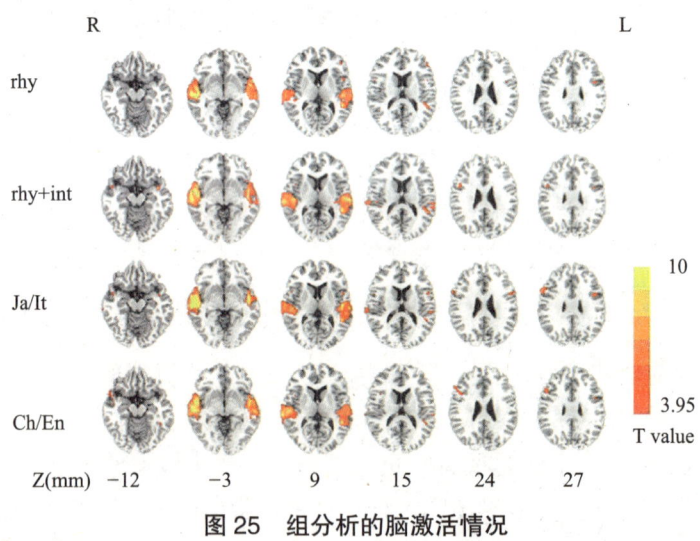

图 25 组分析的脑激活情况

注:rhy:节奏;rhy+int:节奏+语调;Ja/It:日语/意大利语;Ch/En:汉语/英语。

2. 相减分析

表18 相减分析的主要结果

脑区	BA区	激活最大点坐标			体积（立方毫米）	t
		x	y	z		
节奏+语调＞节奏						
右侧颞上回	22	50	−8	−1	6615	4.334
左侧颞上回	41	−53	−17	6	5670	4.898
左侧颞上回	22	−53	−41	15	2214	3.650
右侧颞上回	42	68	−29	12	1188	3.306
右侧颞上沟	22/21	68	−23	−1	486	2.864
左侧额下回	44	−56	11	9	378	2.836
日—意区分＞节奏+语调						
右侧额下回	9	44	5	33	1809	3.325
左侧颞上回	22	−50	−14	3	1674	4.141
右侧颞中回	21	56	−20	−7	1566	4.049
左侧额下回	9/44/45	−35	14	24	945	2.930
右侧颞中回	21	68	−29	−10	918	3.312
汉—英区分＞日—意区分						
左侧额下回	20	−47	−38	−10	2862	5.008
右侧额下回	20	62	−47	−13	810	3.027
左侧额下回	20	−41	−14	−25	513	2.941
日—意区分＞汉—英区分						
左侧颞上回	22	−47	−14	9	1242	4.035
左侧额下回	44	−44	5	12	594	3.316
右侧额下回	9	59	8	24	567	4.901

表18是实验所关心的四个主要相减分析的结果。以下我们将对相关结果进行简要分析。

"节奏+语调"条件和节奏条件的比较（图26）：前者比后者在诸多脑区有更多的激活，主要是以双侧颞上回（superior temporal gyrus）的听觉和听觉相关皮层（BA41/42/22）为主，这些区域在言语加工中的作用已经在很多研究中得到了证实（Plante et al., 2002; Meyer et al., 2002, 2004; Gandour et al., 2003, 2004; Brown et al., 2004; Hesling et al., 2005）；此外，激活的脑区还包括右脑的额上回（right superior frontal gyrus）、左脑的顶下小叶（left inferior parietal lobule）、

左脑额下回（left inferior frontal gyrus）和左脑颞中回（left middle temporal gyrus）。在激活的所有脑区中，右侧颞上回（BA22）的活动最强，反映了该区域在语言韵律加工中的重要作用。和包含"节奏+语调"信息的条件相比，仅包含节奏信息的条件没有看到有任何明显活动的脑部区域。

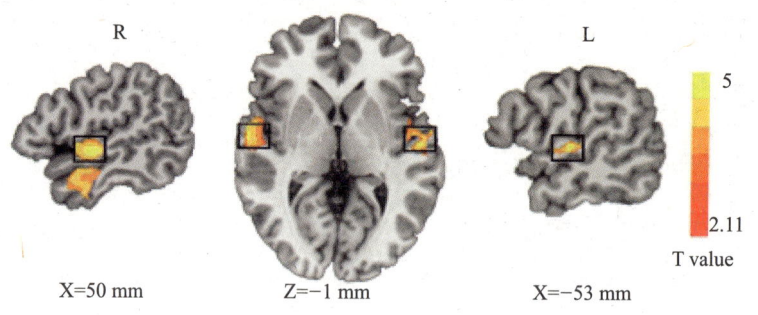

图26 "节奏+语调"条件和节奏条件的比较

注：a 右侧颞上回（50，-8，-1）；b 左侧颞上回（-53，-17，6）。

音位条件和"节奏+语调"条件的比较（图27）：前者比后者在双侧额下回、左侧颞上回和右侧颞中回有更强的激活，额下回的激活反映了音位信息的加工（Gandour et al., 2000；Hsieh et al., 2001）；和包含音位信息的条件相比，包含"节奏+语调"信息的条件没有更多脑区的激活。

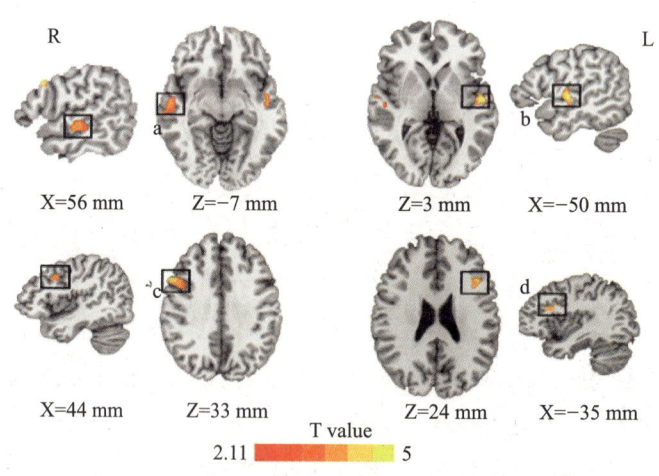

图27 音位条件和"节奏+语调"条件的比较

注：a 右侧颞中回（56，-20，-7）；b 左侧颞上回（-50，-14，3）；c 右侧额下回（44，5，33）；d 左侧额下回（-35，14，24）。

语义条件和音位条件的比较（图28）：前者比后者在双侧颞下回（left inferior temporal gyrus）的前部和后部有更多的激活，左侧颞中/颞下区域在词汇语义加工中具有重要作用（Indefrey et al., 2001; Hickok & Poeppel, 2004, 2007），该脑区的激活显然反映了对汉语—英语语义的加工；和包含语义信息的条件相比，包含音位信息的条件主要激活了左侧颞上回和双侧额下回的鳃盖部（BA44），这反映了更强的音位信息加工的要求。

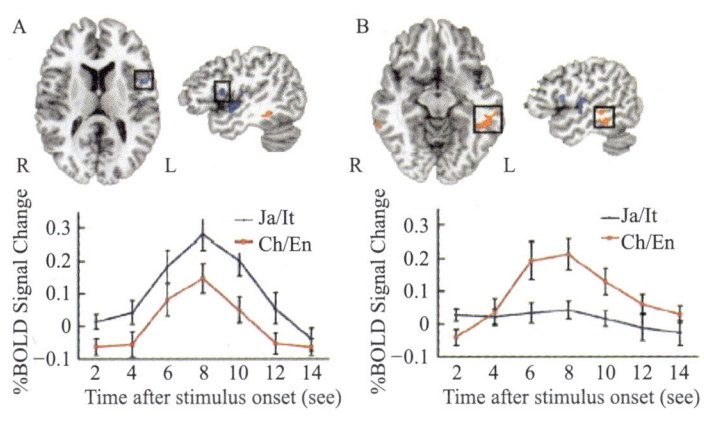

图28　语义条件和音位条件的比较

注：A　音位＞语义，左侧额下（-44, 5, 12）; B　语义＞音位，左侧颞下（-47, -38, -10）。

3. 感兴趣区分析

考虑到左侧额下回鳃盖部（BA44）在音位信息加工和左侧颞下回（BA20）在词汇语义加工中的重要作用，我们对包含音位信息条件和语义信息条件这两个脑区的激活情况进行了感兴趣区分析。重复测量的方差分析发现两个因素（条件/脑区）之间存在显著的交互作用（$F(1, 17) = 32.498$, $P < 0.01$），简单效应分析发现无论是左侧额下鳃盖部（$F(1, 17) = 7.028$, $P < 0.05$）还是左侧颞下回（$F(1, 17) = 6.93$, $P < 0.05$），条件之间的差异都是显著的：左侧额下鳃盖部，音位条件＞语义条件；左侧颞下回，语义条件＞音位条件（图28）。

四、讨论

对言语进行区分是人（甚至动物）与生俱来的能力（Ramus et al., 1999, 2000），不但是新生儿需要区分不同的语言从而获得母语某些重要的音系特征，随着人与人之间交往的日益国际化，成人也常常听到自己不熟悉的各种语言（很多语言都是第一次听到），也会不自觉地尝试区分这些语言，比较其与自己的母语或者熟悉的某种语言的相似性。在区分不熟悉的语言时，成人所面临的情况和婴儿是类似的，可以依靠的信息极为有限，包括节奏和语调在内的韵律信息起到了关键性作用。在区分熟悉的语言时，音位信息也会提供重要的线索，而一旦有词汇语义知识的参与，区分两种语言就会变得简单。那么，节奏信息、"节奏+语调"信息、音位信息和语义信息在区分语言时的作用机制是怎么样的？它们是如何相互影响的？这些过程在神经活动层面上有什么表现？

本实验发现，随着信息的逐渐丰富，区分的正确率相应增加，反应时也有所减少，这反映了信息可靠性对语言区分的影响。在神经活动的层面上，随着信息的丰富，加工相关信息的脑区也被激活了。比如说，当可以依靠语调信息时，与音高信息加工密切相关的右侧颞上回区域就被激活了；而当可以依靠音位信息区分语言时，和音位加工密切相关的左侧额下回鳃盖部就被激活了。

本实验最重要的发现是：在较低的加工层面，神经活动是随着信息的增加而一直单调增加的，可以看到"节奏+语调"条件比节奏条件有更多脑区的激活，但节奏条件并没有比"节奏+语调"条件激活任何更多的脑区，音位条件和"节奏+语调"条件相比也是如此；但是，在较高的加工层面，神经活动并不是随着信息的增加而单调增加的，而是存在着竞争的过程，可以看到，语义条件和音位条件相比的脑区激活模式同之前的三个条件完全不同，二者相比都有各自特异性的脑区激活。Bates & MacWhinney（1982）用竞争模型（competition model）来解释不同的语言学信息（语法、语义、语用）在语言加工和语言获得过程中的竞争关系。竞争模型中的两个重要概念——信息的有效性（validity）和可靠性（reliability）可以很好地解释和概括语言区分过程中较低加工层次和较高加工层次信息的关系。节奏、节奏和语调、音位以及语义信息都是区分不同语言的有效线索，但他们的可靠性程度却大不相同。当有多种有效信息存在的时候，可靠性越强的信息就越有竞争性，从而在竞争过程中占据优势地位。节奏、节奏和语调、音位的可靠性虽略有差别,但相互之间不足以形成强的竞争,词汇语义无疑提供了最可靠的区分信息,所以竞争力最强。因此,我们可以预测,语义条件和仅包含节奏信息的条件相比,并不会激活语调和音位加工的相关脑区,因为这两类信息在和语义信息的竞争中处于劣势。

本实验的研究结果对于理解婴儿早期的语言获得和成人的语言发展(包括第二语言习得)之间的差别具有重要意义。婴儿最初只能利用节奏以及"节奏+语调"等韵律信息加工语言,然后才会利用音位信息,最后才会利用语义信息,也就是说婴儿的语言获得经历了一个从少到多的过程。但成人的语言学习是同时提供所有信息,这个时候,竞争机制就会发挥作用,放弃对较低加工层次的信息利用转而利用可靠性更高的信息,这对于完成某项单一的语言任务或许是有利的,但对整体的语言获得可能是不利的。在语言获得研究领域有一句名言——"少比多好"(Less is better than more),成人和婴儿语言获得的不同之处可能就在于此。

本实验在设计方面也存在一些不足,主要表现在两个方面:一是没有设定一个单独的听觉任务作为基线条件,从而无法将听觉感知和节奏加工的脑区分开,因此也就没有办法获得节奏加工的独立脑区;二是实验并不是因素设计,而是层次设计,条件之间的两两相减实际上包含了条件间的交互作用,比如我们不能说"节奏+语调"条件比节奏条件激活多的脑区就是负责语调加工的脑区。因此,我们的后续实验将要重点解决以上两个问题,即获得节奏加工的独立脑区以及比较节奏和语调加工机制的共性与差异。

第二节 节奏和语调感知神经机制的共性与差异

一、研究目的

作为语言最重要的韵律特征,节奏和语调加工的神经机制近年来受到越来越多的重视,但对二者加工机制的共性与差异进行的比较研究还很少。实验九由于设计上的不足,并不能确定节奏和语调各自具有特异性的神经机制,也不能比较二者之间的共同之处和区别。本实验将采取因素设计的方法,分别改变声音的语调和节奏特征,从而分离负责语调和节奏感知的特定脑区,在此基础上,探讨二者加工机制的共性与差异。节奏和语调感知神经机制的共性与差异性研究对于进一步检验语言加工的大脑功能偏侧化观点,补充和完善语言韵律加工机制的相关理论都具有积极意义。

二、研究方法

(一)实验材料

参考 Ramus 等人的研究,刺激材料用语音合成软件 MBROLA 制作完成。实验材料来自一位法国男性发音人的数据库,使用了法语的 5 个辅音和 6 个元音。所有实验材料均为 6 个时长为 200 毫秒的单音节组成的语音片段,其中每个辅音的时长保持 50 毫秒不变。根据音高和时长模式的不同,刺激材料可以分为三类:即音高(175 赫兹)和时长(200 毫秒)都恒定不变,音高变化(语调条件)和时长变化(节奏条件),刺激模式见图 29。每个条件有 30 个刺激,共 90 个刺激。音高和时长都固定不变的材料作为基线,节奏材料是通过任意改变元音时长(范围在 90—270 毫秒之间)获得的,这实际上改变的是 Ramus 理论框架下的 ΔV,之所以没有同时改变 %V、ΔC 和 ΔV,一方面是为了使问题简化,因为基于实验九的研究结果,同时改变多个参数,被试的感知会存在一定难度,不能和语调感知的难度相匹配,而任务难度会对不同脑区的激活情况产生一定影响;另一方面也是因为我们之前的行为研究发现 ΔV 对节奏特征的感知至关重要(实验八)。语调材料是通过任意改变基频 F0 的取值(范围在 135—205 赫兹之间)获得的。

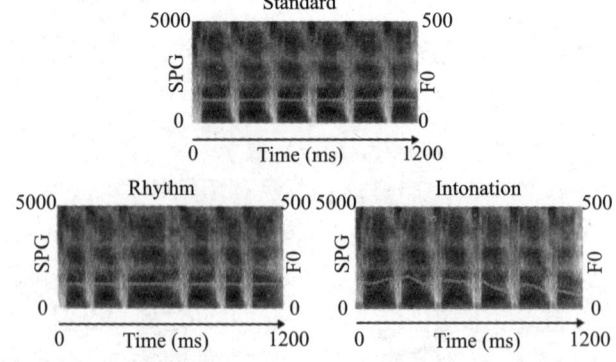

图 29 基线、节奏(时长变化)和语调(音高变化)条件的音高和时长模式

（二）被试

15名被试自愿参与了本研究，其中3名男生，12名女生。他们的年龄均在18到25岁之间，平均年龄20.9岁。所有被试都是听力正常且以汉语为母语的大学生。被试都经过中文版修订的爱丁堡利手问卷测查为右利手，没有神经和精神系统疾病史，且均未受过音乐训练。在正式扫描之前，被试均需要书面签订由北京师范大学认知神经科学与学习国家重点实验室拟定的被试知情同意书，实验后获得少量报酬。

（三）实验过程

实验采用被动听的任务设计，在整个实验过程中，被试只被要求注意听，而不需要对刺激的某些特征做出反应。之所以采用被动听的任务是为了避免自上而下的加工可能对声音信号的感知加工带来的影响（Plante et al., 2002; Tong et al., 2005; Geiser et al., 2008）。实验采用事件相关设计，一共包括两个session。每个session中包含60个刺激材料，其中作为基线的音高和时长模式都不变的材料30个，节奏条件和语调条件的材料各15个。在每个session中，所有的60个项目完全随机呈现。为了将不同条件的材料分开，每个刺激材料之前有一个时长为200毫秒、频率为500赫兹的纯音。纯音和刺激材料之间的时间间隔从200毫秒到600毫秒不等，平均为400毫秒。

实验尽管为被动听任务，但要求被试在每听完一个刺激材料时必须按键反应，目的是为了使被试保持对刺激材料的注意，左手或者右手按键在session之间进行了平衡。通过按键反应保持注意是被动听任务的常用做法（Gandour et al., 2004; Tong et al., 2005），但因为并不要求被试对刺激的自身特征做出反应，因此不会对信号加工层面的神经活动产生影响。

（四）图像采集

实验在北京师范大学认知神经科学与学习国家重点实验室脑成像中心完成，图像由该中心配备的Siemens MAGNETOM Trio（a Tim System）核磁共振扫描设备获得，场强为3特斯拉。被试佩戴SereneSound（生产商为Resonance Technology Inc., Northridge, CA, USA）专用耳机，该耳机可以大幅降低（30分贝）扫描噪声对声音信号清晰度的影响。声音信号呈现时的音强在80—90分贝之间，被试根据自己的感受自由选择，并保证两个耳朵听到的音强相同。

扫描时，被试的头部被调整到磁场的中心。被试被要求放松身体，并在扫描过程中尽量不要动，尤其是头部，同时在扫描过程中一直保持闭眼。EPI序列被用来采集功能数据，参数如下：TR = 2000毫秒，TE= 30毫秒，FA = 90度，FOV = 200毫米×200毫米，64×64矩阵，每个全脑扫描32层，层厚4毫米，间隔0.8毫米。像素大小：3.125毫米×3.125毫米×4.8毫米。SPGR序列被用来采集高分辨率的三维大脑结构图，参数如下：TR = 2530毫秒，TE = 3.39毫秒，FA = 7度，FOV = 200毫米×200毫米，512×512矩阵，每个全脑扫描128层，层厚1.33毫米。事件相关设计的两个项目起始之间的间隔TOA（trial onset asynchronies）有五种情况，分别为4秒、6秒、8秒、10秒、12秒，平均为8秒。每个session中，在第一个正式实验项目呈现之前，有8幅图像的采集是伴随无任务状态的，目的是去除磁场匀场过程中的信号不稳定；最后一个项目结束后，同样有8幅图像伴随无任务状态采集，目的是为了得到一长段比较稳定的基线，因此每个session会得到254幅图像，用时8分。整个实验需20分钟左右，包括最后4分钟左右的大脑三维结构像扫描。

（五）脑成像数据分析

脑成像数据的预处理和统计分析都使用AFNI（Cox & Hyde, 1997）软件完成。首先对单个被试的功能像进行预处理，最前面的7幅图像被删除，因为匀场过程中的信号不稳定，这些图像都是无任务状态采集的，不包含实验的刺激项目。进行时间校正，将不同层面对齐；使用六个方向头动参数的刚体变换对功能像进行头动校正，所有的功能像都与第八幅图像对齐；对统计图进行空间平滑，与6毫米FWHM的高斯函数进行卷积，使像素符合高斯场分布。在预处理图像的基础上，对单个被试建立模型，采用广义线性模型（GLM）估计每个被试个体的统计激活图。首先，根据实验设计刺激顺序安排及TOA间隔，对每种条件产生一个二进制的刺激序列，刺激出现的TR为1，刺激未出现的 TR 为 0；其次，AFNI 中的 3dDeconvolve 程序被用来对每个被试的每个条件进行回归分析，回归因子由二进制的刺激序列与 gamma 函数卷积得到，回归分析会在每个被试的每个条件的每个像素都得到一系列回归系数（从刺激呈现的 0 秒开始到刺激呈现后的 14 秒，每 2 秒得到一个回归系数）；每个条件下的回归系数都是和事件相关设计的内隐基线相比较得来的（基线即整个 session 的平均激活强度）。将功能像和结构对齐，每个个体的结构像和功能像都被标准化到 Talairach 空间下。所有图像都重新采样，像素大小为 3 毫米 × 3 毫米 × 3 毫米。

组分析使用随机效应分析，每个被试每一条件经过 Talairach 标准化的像素回归系数进入双因素混合方差分析，条件作为固定因素，被试作为随机因素。组分析的统计激活图是将每个个体激活图的 t 值与 0 进行比较。组分析激活图的阈限定在像素水平 $t > 2.976$，$P < 0.01$，AlphaSim 校正之后的 $P < 0.05$，每个 cluster 体积大于 621 立方毫米。

为了获得节奏和语调加工的特异性脑区，并比较两个条件下不同脑区激活偏侧化模式的差异，我们进行了任务相减的比较分析和感兴趣区分析。感兴趣区分析选择了节奏和语调条件下特异性激活的脑区，以这些区域激活的峰值点作为感兴趣区的中心，以该坐标点为中心，以 6 毫米为半径的球形区域为感兴趣区区域，计算了从 4 秒到 10 秒的 BOLD 信号变化百分比。对于只有一侧脑区激活的情况，对侧的感兴趣区采取坐标对称的方式选定。

为了确定节奏和语调加工共同激活的脑区，我们还在组分析的基础上进行了联合分析（conjunction analysis）。

三、实验结果

（一）相减分析

表 19 是实验所关心的三个主要相减分析的结果，可以看到主要激活区都集中在颞上回和颞上沟的听觉相关皮层。

表 19　相减分析结果

脑区	BA 区	激活最大点坐标			体素	t
		x	y	z		
语调 > 基线						
右侧颞上回/颞上沟	38/21/22	52.5	−1.5	−6.5	162	5.66
左侧颞上回/颞上沟	38/21/22	−58.5	−10.5	−6.5	151	13.63
右侧颞上沟	21	46.5	−34.5	−0.5	26	4.36
节奏 > 基线						
右侧颞上回	22	58.5	−16.5	2.5	25	4.04
语调 > 节奏						
右侧颞上沟	21	55.5	−4.5	9.5	24	3.98
语调 > 节奏						
——						

以下我们将对相减分析的主要结果进行简要分析。

节奏和基线条件的比较：当二者相减时，前者比后者在右侧颞上回中部（middle of the superior temporal gyrus，即 mSTG）产生了更强的激活，而在所有脑区后者都没有比前者产生更强的激活。和基线条件下的刺激相比，节奏条件仅在元音的时长模式上存在差异，由此所引起的神经活动的变化显然只能是由时长的变化模式（节奏特征）引起。颞上回中部在听觉和非听觉的时间信息加工中的重要作用之前已有学者进行了研究（Boemio et al.，2005；Bueti et al.，2008）。

语调和基线条件的比较：当二者相减时，前者比后者在双侧颞上回/颞上沟前部（BA38/21/22）和右侧颞上沟后部（posterior superior temporal sulcus，即 pSTS）产生了更强的激活，而在所有脑区后者都没有比前者产生更强的激活。和基线条件下的刺激相比，语调条件仅在音高模式上存在差异，由此所引起的神经活动的变化显然只能是由音高的变化模式（语调特征）引起。双侧特别是右侧颞上回/颞上沟中部在言语和非言语信号音高信息加工中的重要作用在之前的研究中已经得到了广泛证实（Gandour et al.，2003，2004；Brown et al.，2004；Hesling et al.，2005；Tong et al.，2005）。

节奏和语调条件的比较：当二者相减时，后者比前者在右侧颞上沟前部（anterior superior temporal sulcus，即 aSTS）产生了更强的激活，而在所有脑区后者都没有比前者产生更强的激活。节奏和语调的脑区激活分别是由时长和音高模式的变化引起的,当二者分别和基线条件相比时,语调条件在更多脑区产生了更强的激活;当二者相比时,语调条件在右侧颞上沟前部更强的激活显然反映了该脑区在音高信息感知中的特殊作用,这和已有的一些研究结果也是一致的(Gandour et al., 2003, 2004; Tong et al., 2005)。

(二)感兴趣区分析

感兴趣区分析的目的是为了进一步确定节奏和语调加工过程中不同脑区激活的一侧化优势情况。我们一共选择了七个脑区,其中五个脑区是从语调和基线条件的相减分析结果中得到的,各有一个脑区分别是从节奏和基线以及节奏和语调的相减分析结果中得到的。这些感兴趣区区域包括颞极(TP)、颞上回前部(aSTG)、颞上回中部(mSTG)、颞上沟前部(aSTS)、颞上沟中部(mSTS)、颞上沟后部(pSTS),这些脑区在左右脑是对称的,其激活最大值的坐标点见表20:

表20 感兴趣区选择和偏侧化分析

	左脑				右脑				P
	x	y	z	β 均值	x	y	z	β 均值	
语调 > 基线									
颞极	−43.5	16.5	−9.5	0.05	49.5	22.5	−12.5	0.07	0.273
颞上回前部	−52.5	1.5	−0.5	0.07	52.5	−1.5	−6.5	0.08	0.759
颞上沟中部	−58.5	−10.5	−6.5	0.09	55.5	−16.5	−6.5	0.09	0.852
颞上回中部	−58.5	−22.5	2.5	0.05	58.5	−22.5	2.5	0.09	0.077
颞上沟后部	−46.5	−34.5	−0.5	0.01	46.5	−34.5	−0.5	0.04	0.005
节奏 > 基线									
颞上回中部	−58.5	−16.5	2.5	0.02	58.5	−16.5	2.5	0.05	0.017
语调 > 节奏									
颞上沟前部	−55.5	−4.5	9.5	0.02	55.5	−4.5	9.5	0.08	0.003

感兴趣区分析发现在语调条件激活的五个脑区中,颞极、颞上回前部和颞上沟中部的激活是双侧化的($P > 0.1$),而颞上沟后部的激活则具有明显的右侧优势($P < 0.01$),颞上回中部的激活也表现出右侧化的趋势($P = 0.077$);节奏条件激活的颞上回中部具有明显的右侧优势($P < 0.05$);语调相对于节奏条件激活更强的颞上沟前部也表现出明显的右侧优势($P < 0.01$)。具有明显右侧优势的脑区分布见图30:

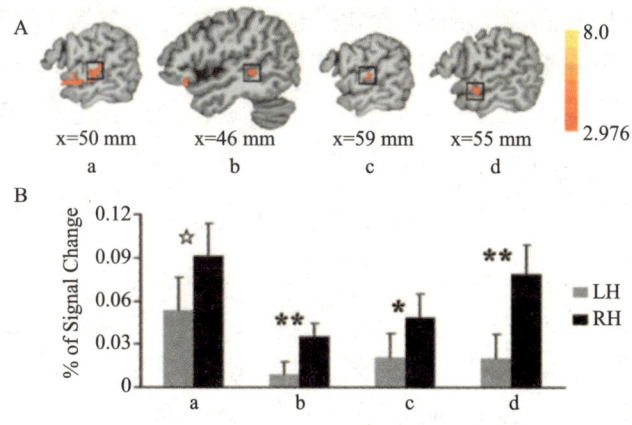

图30 感兴趣区分析具有右侧优势的脑区

注：a 颞上回中部（语调条件），b 颞上沟后部，c 颞上回中部（节奏条件），d 颞上沟前部。

（三）联合分析

联合分析的目的是确定同时参与节奏和语调加工的脑区。在相减分析的基础上，联合分析发现右侧颞上回的一个区域（x = 60，y = 21，z = 3）在节奏和语调条件下都被激活了，说明该区域参与了音高和时长模式的感知（图31）。

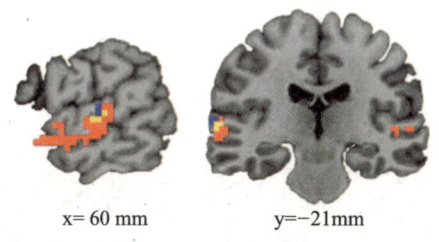

图31 联合分析结果

注：红色为语调激活区，蓝色为节奏激活区，黄色为共同激活区。

四、讨论

言语加工涉及一系列复杂的加工过程，包括语音感知、字词识别、句法分析、语义分析等，语音感知是所有加工的起点和基础。尽管语音感知的认知心理和神经机制很早开始就受到研究者的广泛关注，但大部分研究都集中在音段特征方面，对韵律特征的研究特别是对韵律加工神经机制的集中关注只是最近十年左右的事情。在诸多韵律特征中，以往的研究对以音高为主要声学相关物的特征，比如声调、句调和情绪韵律等的加工机制关注较多，但以时长和音强为主要声学相关物的韵律特征比如节奏、句重音等则关注很少。考虑到节奏在语言获得和语言理解过程中的重要作用，本研究特别对语言节奏感知的神经机制进行了探讨，并比较了节奏和语调感知神经机制的共性与差异，以下我们将从节奏和语调感知加工的脑区以及大脑左右半球语言加工的功能偏侧化两个方面对研究结果进行讨论。

（一）颞上回/颞上沟区域在语言节奏和语调感知加工中的作用

语言加工的神经机制研究大多采用主动任务，比如识别、比较和区分等，这不但会引起额叶和顶叶等与注意、记忆等高级认知功能有关的脑区的激活（Stephan et al.，2003；Tervaniemi & Hugdahl，2003），甚至有可能影响到与信号感知有关的颞叶等脑区的神经活动（Plante et al.，2002；Gandour et al.，2004；Tong et al.，2005）。我们的实验采用了完全的被动感知任务，被试并不需要对刺激的特征做出区分和比较等主动反应，结果发现节奏和语调感知所激活的脑区都集中在颞上回和颞上沟的听觉相关皮层，而并没有额叶和顶叶等脑区的激活。颞上回和颞上沟在以往的研究中也被认为和听觉信号的被动感知密切相关，因此本实验中这些脑区的激活反映了对节奏和语调的感知加工而和任务要求无关。

联合分析发现右侧颞上回中部在节奏和语调的加工中都承担了重要作用，该脑区及其附近区域在以往的研究中被发现在人的嗓音（human voice）和动物发声（animal vocalization）感知中具有重要作用（Belin et al.，2000；Lewis et al.，2005；Altmann et al.，2007）。研究还发现这些脑区特别是左侧区域加工单词比加工正弦波信号的激活强，而加工正弦波信号又要比加工白噪音信号的激活强（Binder et al.，2000；Wessinger et al.，2001；Lewis et al.，2004）。因此，有研究者认为颞上回中部是一个负责听觉加工"中间阶段"（intermediate stage）的脑区，主要参与声学特征的结构编码，其输出可以看作是为了后期音位和语义加工的输入。（Binder et al.，1997；Tranel et al.，2003）颞上回中部在非言语信号的音高和时长特征的加工中也承担了重要作用（Warren et al., 2003; Boemio et al., 2005; Molholm et al., 2005; Bueti et al., 2008）。本实验中语言节奏和语调分别表现为时长和音高模式的变化，对这些信息的加工引起了颞上回中部的激活显然和上述研究的结果是一致的。

尽管联合分析明确了对节奏和语调的感知加工在颞上回中部激活了共同的区域，但二者的声学相关物——时长和音高信息毕竟在物理属性上存在很大的差别。以往对脑损伤病人的研究和功能性核磁共振成像的结果都强调音高和时长信息加工机制的不同，在本实验中，和节奏条件相比，语调的感知在右侧颞上沟前部引发了更强的激活，这与以往研究中发现的右侧颞叶前部区域对于嗓音中的音高信息感知具有重要作用的结果是一致的（Lattner et al., 2005）。这一研究结果与言语加工的一般性理论强调右侧颞上沟在言语信号频谱分析中的重要作用的观点也是吻合的（Warren et al., 2005; Jamison et al., 2006; Obleser et al., 2008; Overath et al., 2008）。

Scott & Wise（2004）提出了一个具有广泛影响的听觉加工理论，该理论认为对声音信号的加工可以分为背侧（dorsal）和腹侧（ventral）两条通路。其中的腹侧通路（也被称为"what"通路）主要参与声音信号的特征分析，该通路主要涉及环绕初级听觉区（位于初级听觉区外侧和前侧）的颞上回/颞上沟区域。该腹侧通路的右侧部分主要参与语调和音乐旋律的加工，左侧部分主要负责声音到语义的转换。本实验的结果非常符合 Scott & Wise 听觉加工理论的相关预期（腹侧通路的右侧部分）：右脑的颞中回中部和颞上沟前部在语言韵律加工中具有重要作用。具体来说，初级听觉皮层到颞上回中部的通路既参与了语言节奏的感知加工也参与了语调的感知，也就是说，节奏和语调的加工机制具有一定程度的共性；而颞上回中部到颞上沟前部和后部的通路则主要参与语调的感知，这体现出节奏和语调加工机制的差异性。

（二）语言节奏和语调加工的大脑偏侧化

语言韵律加工神经机制研究长期关注的一个重要问题是韵律以及整个语言系统加工的脑功能偏侧化。Gandour et al.（2004）提出的理论融合了功能假设和信号假设的观点，认为左右脑都参与了语言韵律信息的加工,其中韵律特征的语言学信息由左脑加工的观点得到普遍支持(Zatorre & Gandour,2008),但在声学分析的层面,左右脑的功能分化仍然存在很大争论(Molholm et al., 2005; Jamison et al., 2006; Bueti et al., 2008)。

本实验中语调信息的感知加工激活了双侧的颞上回/颞上沟区域,进一步的感兴趣区分析发现颞上回中部和颞上沟后部的激活具有显著的右侧优势,而且并没有任何一个脑区的激活有明显的左侧优势,这说明右脑确实在语调的加工过程中承担了更重要的作用。本实验的结果与之前诸多研究的结果是一致的(Meyer et al., 2002, 2004; Gandour et al., 2004; Hesling et al., 2005)。比如,Meyer et al.(2002,2004)发现低通滤波后保留语调信息的句子比正常句子在右脑颞叶和额叶产生了更多的激活,Hesling et al.(2005)发现有更多变化的语调模式比变化较小的语调模式在右侧颞上回产生了更强的激活。这些研究都表明右脑而非左脑的听觉相关皮层(BA42/22/21)是负责语调加工的主要区域,这和对非言语的纯音信号以及音乐旋律加工的研究结果是一致的(Zatorre et al., 1994; Zatorre & Belin, 2001; Penagos et al., 2004)。

学者们对语调加工的大脑功能偏侧化研究结果看法比较一致,强调了大脑右半球的主导作用(Gandour et al., 2004; Tong et al., 2005; Lou et al., 2006; Xu et al., 2006; Wong et al., 2007, 2008; Warrier et al., 2009),但对于节奏的主要声学相关物——时长加工的大脑功能偏侧化,很多研究的结论都很不一致。有的研究分析了时长信息加工的左脑优势(Belin et al., 1998; Ilvonen et al., 2001; Molholm et al., 2005; Giraud et al., 2005; Brancucci et al., 2008),而有的研究却认为时长信息的加工具有明显的右脑优势(Griffiths et al., 1999; Pedersen et al., 2000; Rao et al., 2001; Boemio et al., 2005),有些研究甚至认为时长信息的加工并不存在一侧化优势(Jancke et al., 1999; Inouchi et al., 2002; Takegata et al., 2004)。在本研究中,相减分析发现语言节奏的加工主要激活了右侧颞上回中部,感兴趣区分析则进一步确认了节奏感知的右脑优势。我们认为造成节奏感知的大脑功能偏侧化研究结果不一致的原因至少包括任务要求的不同、任务难度的差异以及刺激属性和特征的差别等几个方面。在此,我们主要就实验用刺激的不同做简要分析，而和任务有关的因素将在下个实验（实验十一）做更详细的探讨。支持时长信息加工左脑优势的研究使用的刺激长度大都在几十毫秒，这主要反映了辅音之间某些重要声学特征（比如辅音送气/不送气特征的主要声学相关物——嗓音启动时间，即 VOT）的差异，而不是语言节奏的时长范围；支持时长信息加工右脑优势的研究使用的刺激长度大都在几百毫秒，这和语言节奏的时长范围基本相当。本实验使用的刺激长度在 140—320 毫秒之间，与 Boemio et al.（2005）使用的刺激长度类似，因此激活具有明显的右侧优势。

　　本实验发现节奏和语调的感知主要都由右脑的听觉相关皮层负责，因此并不支持在声学加工的层面上，时长信息主要由左脑加工而频率信息主要由右脑加工的观点（Zatorre & Belin，2001；Jamison et al.，2006）。本实验的结果与 Poeppel（2003）提出的非对称时间采样理论（asymmetric sampling in time，简称 AST 理论）对于节奏和语调加工的大脑偏侧化预测一致。该理论认为语言加工的左脑或右脑优势是由大脑左右半球在时间采样方面的功能偏好决定的：左脑主要加工时长范围在 20—40 毫秒的声音信息，而右脑主要加工时长范围在 150—250 毫秒的声音信息。关注语言加工大脑偏侧化机制的弥散张量成像（DTI）研究发现左脑和右脑的颞上回/颞上沟区域在结构上通过弓状束分别与双侧额叶相连，从而形成语言加工的双通路，左通路主要加工音位和语义信息，而右通路主要加工韵律信息。显然，我们对于语言韵律加工的功能研究结果与该研究从脑结构角度进行的研究结果也是吻合的（Glasser & Rilling，2008）。

　　对于本实验的研究结果有一个问题需要特别说明，就是被试的语言经验对节奏和语调感知可能带来的影响。语言经验对言语和非言语信息感知的影响目前受到研究者的广泛关注，但是很多问题并不清楚，比如母语的哪些经验会"迁移"到对声音信号物理属性的感知上，哪些声学特征的感知加工会受到语言经验的影响，而哪些又不受影响，等等。本研究的实验五也发现母语的节奏特征会影响非言语信号的时长模式感知。就汉语被试而言，对音高信息的敏感度可能大于对时长模式的敏感度，因此本实验发现语调相对于节奏在右侧颞上沟前部有更多的激活可能与此有关。节奏和语调感知加工神经机制的共性与差异还需要针对不同母语背景的被试做更进一步的研究。

第三节 主动任务对节奏和语调感知神经活动的调节

一、研究目的

尽管较早就有研究发现主动任务会对韵律感知的神经活动产生影响（Plante et al., 2002），非言语信号感知方面的研究则发现归类的主动任务甚至会影响声音加工的脑功能偏侧化模式（Brechmann & Scheich, 2005），但主动任务对包括节奏和语调在内的语言韵律感知的具体影响，比如主动任务会激活额叶与任务有关的脑区活动，但是否会改变颞叶与韵律感知直接相关的脑区活动模式等问题却很少有研究涉及。实验十发现节奏和语调的感知主要激活了右侧听觉相关皮层的颞上回和颞上沟，那么主动任务条件下，激活的具体脑区以及各个脑区的偏侧化模式是否会发生变化？本实验（实验十一）对相关问题的探讨对于明确节奏和语调以及语言韵律加工的完整机制具有积极意义。

二、研究方法

（一）实验材料

本实验使用了和实验十完全相同的刺激材料，即音高和时长模式都不变的基线材料，通过改变时长模式获得的节奏材料和通过改变音高模式获得的语调材料。刺激材料的详细说明见第四章第二节，模式示例见图 29。

（二）被试

为了能够和实验十的结果直接比较，本实验使用了和实验十完全相同的同一批被试，为了避免学习效应可能带来的影响，两次扫描中间有三个月的时间间隔。15 名被试均为北京师范大学和北京邮电大学的学生，其中 3 名男生，12 名女生。平均年龄 21 岁，右利手，听力正常，且以汉语为母语。在本次扫描之前，被试均书面签订了由北京师范大学认知神经科学与学习国家重点实验室拟定的被试知情同意书，实验后获得少量报酬。

（三）实验过程

实验采用主动判断的任务设计，被试需要注意听每一个刺激，并按键判断听到的刺激是模式变化的还是模式不变的，左手或者右手按键在被试之间进行了平衡。实验采用事件相关设计，共包括两个session。每个session中包含60个刺激材料，其中作为基线的音高和时长模式都不变的材料30个，节奏条件和语调条件的材料各15个。在每个session中，所有的60个项目完全随机呈现。为了将不同条件的材料分开，每个刺激材料之前有一个时长为200毫秒、频率为500赫兹的纯音。纯音和刺激材料之间的时间间隔从200毫秒到600毫秒不等，平均为400毫秒。

（四）图像采集

图像使用北京师范大学认知神经科学与学习国家重点实验室脑成像中心Siemens MAGNETOM Trio（a Tim System）机器扫描获得，场强为3特斯拉。被试佩戴和实验十相同的脑成像研究专用耳机（SereneSound）。声音信号呈现时的音强在80—90分贝之间，被试根据自己的感受自由选择，并保证两个耳朵听到的音强相同。

扫描时，被试的头部被调整到磁场的中心。被试被要求放松身体，并在扫描过程中尽量不要动，尤其是头部，同时在扫描过程中一直保持闭眼。扫描的参数设置也与实验十完全相同，简述如下：EPI序列参数，TR = 2000毫秒，TE = 30毫秒，FA = 90度，FOV = 200毫米×200毫米，64×64矩阵，每个全脑扫描32层，层厚4毫米，间隔0.8毫米。像素大小：3.125毫米×3.125毫米×4.8毫米。SPGR序列参数，TR = 2530毫秒，TE = 3.39毫秒，FA = 7度，FOV = 200毫米×200毫米，512×512矩阵，每个全脑扫描128层，层厚1.33毫米。事件相关设计的两个项目起始之间的间隔TOA有五种情况，分别为4秒、6秒、8秒、10秒、12秒，平均为8秒。每个session最终得到254幅图像，用时8分。

（五）脑成像数据分析

脑成像数据处理使用AFNI（Cox & Hyde, 1997）软件完成，图像的预处理和统计分析过程和实验十相同，简述如下：首先对单个被试的功能像进行预处理。最前面的 7 幅图像被删除，进行时间校正，将不同层面对齐；使用六个方向头动参数的刚体变换对功能像进行头动校正，所有的功能像都与第八幅图像对齐；对统计图进行空间平滑，与 6 毫米 FWHM 的高斯函数进行卷积，使像素符合高斯场分布；对数据进行标准化，进行反卷积分析，得到各个条件的冲击响应函数，并计算相对于基线的各个条件的信号变化率；将功能像和结构对齐，每个个体的结构像和功能像都被标准化到 Talairach 空间下，所有图像都重新采样，像素大小为 3 毫米 × 3 毫米 × 3 毫米。

组分析使用随机效应分析，每个被试每一条件经过 Talairach 标准化的像素回归系数进入双因素混合方差分析，条件作为固定因素，被试作为随机因素。组分析的统计激活图是将每个个体激活图的 t 值与 0 进行比较。组分析激活图的阈限定在像素水平 $t > 2.945$，$P < 0.01$，AlphaSim 校正之后的 $P < 0.05$，每个 cluster 体积大于 621 立方毫米。

为了能够和被动任务条件下节奏和语调加工激活的脑区及不同脑区活动的偏侧化模式相比较，我们进行了任务相减分析和感兴趣区分析。感兴趣区分析选择了节奏和语调条件各自激活的脑区，以这些区域激活的峰值点作为感兴趣区的中心，以该坐标点为中心，以 6 毫米为半径的球形区域为感兴趣区区域，计算了从 4 秒到 10 秒的 BOLD 信号变化百分比。对于只有一侧脑区激活的情况，对侧的感兴趣区采取对称的方式选定。为了确定节奏和语调加工共同激活的脑区，我们还进行了联合分析。

三、实验结果

（一）行为实验结果

被试判断音高和时长都不变、音高变化（语调条件）和时长变化（节奏条件）的刺激模式的正确率分别为 0.96（$SD = 0.05$）、0.96（$SD = 0.05$）和 0.95（$SD = 0.08$），被试感知三种不同刺激模式的正确率以及正确率之间的两两比较都没有显著差异（$P > 0.05$），说明被试能够准确感知刺激所包含的音高和时长模式，而且音高和时长模式的感知在难度上相差不大。

（二）脑成像实验结果

表 21 是实验所关心的三个主要相减分析的结果。可以看到和被动感知的激活模式相似，主要激活区都集中在颞上回和颞上沟的听觉相关皮层，不同之处是节奏的加工有更多额下脑区（鳃盖部和三角部）的激活，而语调比节奏激活更强的脑区也要更靠前一些。

表 21 相减分析的结果

脑区	BA 区	激活最大点坐标			体素	t
		x	y	z		
语调 > 基线						
右侧颞上回/颞上沟/	38/21/22	55.5	−7.5	−9.5	531	7.62
左侧颞极/颞上回/颞上沟	38/21/22	−49.5	4.5	−6.5	352	9.57
节奏 > 基线						
右侧额下回（鳃盖部）	44	52.5	13.5	8.5	143	4.76
右侧颞上回/颞上沟	22	49.5	−19.5	−3.5	111	6.27
左侧额下回（三角部）	45	−34.5	19.5	5.5	67	5.64
左侧颞上回	22	−55.5	−37.5	17.5	40	4.76
语调 > 节奏						
左侧颞极/颞上回	38/22	−49.5	7.5	−6.5	98	7.58
右侧颞极/颞上回	38/22	49.5	7.5	−12.5	35	5.24
语调 > 节奏						
——						

以下我们将对相关结果进行简要分析。

节奏和基线条件的比较：当二者相减时，前者比后者在右侧颞上回/颞上沟中部、左侧颞上回后部、右侧额下回鳃盖部和左侧额下回三角部产生了更强的激活，而在所有脑区后者都没有比前者产生更强的激活。和作为基线条件的刺激相比，节奏条件仅在元音的时长模式上存在差异，由此所引起的神经活动的变化显然只能是时长的变化模式（节奏特征）引起的。颞上回/颞上沟的激活反映了对节奏的感知，而额下回的激活则反映了和主动任务有关的注意、记忆等高级的认知加工过程（Stephan et al., 2003; Tervaniemi & Hugdahl, 2003）。

语调和基线条件的比较：当二者相减时，前者比后者在右侧颞上回/颞上沟/颞中回和左侧颞极/颞上回产生了更强的激活，而在所有脑区后者都没有比前者产生更强的激活。和基线条件下的刺激相比，语调条件仅在音高模式上存在差异，由此引起的神经活动的变化显然只能是由音高的变化模式（语调特征）引起的。与节奏和基线条件比较的结果不同，语调和基线条件的比较并没有看到额下脑区的激活，可能的原因我们将在讨论部分进行简要说明。

节奏和语调条件的比较：当二者相减时，后者比前者在双侧颞极/颞上回前部产生了更强的激活，而在所有脑区后者都没有比前者产生更强的激活。节奏和语调的脑区激活分别是由时长和音高的变化模式引起的，二者相比时，语调条件激活更强的脑区显然反映了这些区域在音高信息感知中的特殊作用。

本实验所发现的主动判断任务条件下的脑激活情况和被动听任务条件下激活模式的差别主要表现在以下几个方面：颞叶激活普遍增强，主动任务要求对刺激的特征做出判断，这就要求对刺激的声学属性做深度加工，激活自然也就增强了；左侧脑区活动增强，被动听时节奏和基线条件相比以及语调和节奏条件相比都只有右侧脑区的激活，而主动条件下，激活则是双侧的；另外，额叶在节奏条件下的激活可能与主动任务的要求有关。

（三）感兴趣区分析

感兴趣区分析的目的是为了进一步确定节奏和语调加工过程中不同脑区激活的一侧化优势情况。我们一共选择了五个脑区，其中各有两个脑区分别是从节奏和基线以及语调和基线相减分析的结果中得到的，一个脑区是从语调和节奏相减分析的结果中得到的。这些感兴趣区区域包括颞上回前部（aSTG）、颞上回中部（mSTG）、颞上回后部（pSTG）和颞上沟中部（mSTS），这些脑区在左右脑是对称的，其激活最大值的坐标点见表22。

感兴趣区分析发现在语调条件激活的两个脑区中，颞上回前部的激活是双侧化的（$P > 0.05$），而颞上沟中部的激活则表现出右侧化的趋势（$P = 0.057$）；在节奏条件激活的两个脑区中，颞上回后部的激活是双侧化的,而颞上回中部的激活则具有明显的右侧优势($P < 0.05$);语调相对于节奏条件激活更强的颞上回前部却表现出明显的左侧优势($P < 0.05$)。

表22 感兴趣区分析

	左脑				右脑				P
	x	y	z	β 均值	x	y	z	β 均值	
语调 > 基线									
颞上回前部	−49.5	4.5	−6.5	0.148	49.5	10.5	−12.5	0.148	0.996
颞上沟中部	−55.5	−7.5	−9.5	0.056	55.5	−7.5	−9.5	0.103	0.057
节奏 > 基线									
颞上回中部	−49.5	−19.5	−3.5	0.049	49.5	−19.5	−3.5	0.077	0.015
颞上回后部	−55.5	−37.5	17.5	0.079	55.5	−37.5	17.5	0.052	0.097
语调 > 节奏									
颞上回前部	−49.5	7.5	−6.5	0.123	49.5	7.5	−12.5	0.088	0.045

(四)联合分析

联合分析的目的是确定同时参与节奏和语调加工的脑区。在相减分析的基础上,联合分析发现和被动听条件下的激活模式相似,右侧颞上回既参与了语调的加工,也参与了节奏的加工(图32)。

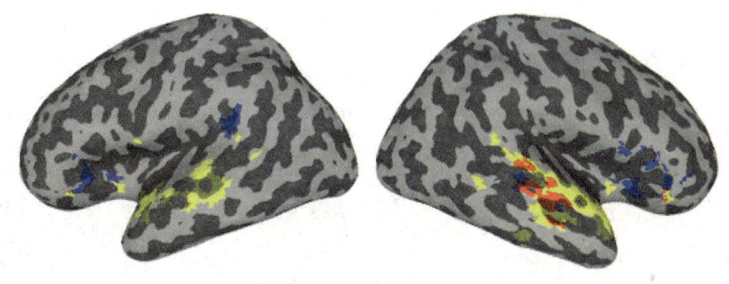

图32 联合分析

注:黄色为语调激活区,蓝色为节奏激活区,红色为共同激活区。

四、讨论

主动任务对语言加工大脑活动的调节是最近几年语言加工神经机

制研究关注的重点之一，研究的目的有二：一是探讨语言加工过程中不同类型的任务本身的神经机制，比如研究发现语音范畴化感知过程中归类或者区分任务会激活不同的神经网络（Blumstein et al., 2005; Hutchison et al., 2005）；二是探讨在声学分析的层面上，主动任务对语言加工的影响，比如研究发现和被动听的任务相比，对元音的主动加工会在双侧的颞上/颞中区域产生更强的激活（Hugdahl et al., 2003）。韵律加工神经机制的研究大多采用主动任务，而任务要求对颞叶的听觉（BA41）和听觉相关皮层活动（BA42/22/21）的影响还很少有研究涉及，韵律加工的相关理论模型也并未对此加以说明（Gandour et al., 2004; Zatorre & Gandour, 2008）。

本实验发现，主动任务对声学语音学层面上韵律感知的影响主要表现在两个方面：一是颞叶听觉相关皮层激活的增加，无论是节奏条件还是语调条件，在颞上回/颞上沟都激活了更多的脑区（表现为激活体素数的增加），比较而言，节奏条件增加的区域更多，从被动条件下仅有颞上回中部的激活扩展到了颞上回后部；二是左脑相关脑区的活动明显增强，主要表现在单独的节奏条件下以及语调和节奏条件相比左脑次级听觉皮层的激活。本实验和实验十的目的在于考察没有任何任务要求的被动听条件和有明确任务要求的主动判断条件下，语言节奏和语调加工神经机制的共性与差异。考虑到被动听条件下的两个主要发现，即：第一，节奏和语调感知神经机制的共同性在于右脑的功能和右脑的颞上回中部区域对语言节奏和语调的加工都具有重要作用；第二，节奏和语调感知神经机制的差异在于右脑的颞上沟前部对于语调的加工具有特殊的重要作用，本实验的结果实际上表明主动任务并没有对实验十所发现的节奏和语调加工神经机制的共性造成实质性影响：感兴趣区分析发现节奏和语调的加工在某些区域仍然具有明显的右侧优势，而并没有任何脑区表现出明显的左脑优势，同时，节奏和语调共同激活的区域也基本相同；但主动任务对节奏和语调加工神经机制的差异造成了重要影响，表现在颞上前部区域激活偏侧化模式的改变。

主动任务会对声学语音学加工层面上韵律感知神经机制造成什么样的影响，相关研究还很少，有限的几项研究结果也存在不一致的地方。比如，Plante et al.（2002）发现被动听经过低通滤波处理的句子时，颞叶的激活具有明显的右脑优势，而当要求对这些句子进行语调的一致性判断时，右侧优势就消失了；但 Geiser et al.（2008）却发现只有在主动任务条件下，对德语重音节奏的加工在颞上回的激活才表现出明显的右脑优势。本实验则发现无论是在主动判断还是被动听条件下，节奏和语调主要都由右脑加工，不支持在声学加工的层面上，时长信息主要由左脑加工而频率信息主要由右脑加工的观点（Jamison et al., 2006；Zatorre & Belin, 2001），这与 Poeppel（2003）提出的非对称时间采样（AST）理论对节奏和语调加工的大脑偏侧化预测一致。

还有一个有意思的问题是只有节奏条件才激活了额下的眶部和三角部区域，这反映了主动任务条件下听觉注意和工作记忆的参与。这些区域的激活和任务难度密切相关（Tregellas et al., 2006），本实验中，尽管节奏和语调的模式感知在正确率上并没有显著差别，但因为没有记录反应时数据，所以并不能排除二者在难度上有细微的差别。有研究发现在听觉加工中，正确率主要和颞叶的激活强度有关，而反应时则主要和额叶的激活强度相关（Binder et al., 2004），因此本实验中节奏条件下额叶的激活可能反映了节奏相对于语调存在更高的加工难度。而节奏和语调在加工难度上的差异可能和本实验的被试是汉语母语者有关，因为声调语言的母语经验使汉语母语者可能对音高的模式变化更为敏感，该问题还需要更多跨语言研究的进一步探讨。

第四节　右脑在语言节奏产生中的作用

一、研究目的

长期以来，语言韵律产生的神经机制一直都是语言加工认知神经机制研究领域中的薄弱环节，其中的大部分研究又集中在语调（音高变化）方面，而语言的其他诸多韵律特征（包括节奏在内）却很少受到关注。我们之前的研究（实验十和实验十一）发现语言节奏的感知主要是右脑的功能，那么右脑在节奏产生过程中是否也承担了主要作用？Riecker et al.（2002）发现产生长短变化的音节序列相对于时长不变的音节序列在右脑的颞上回、布罗卡对应区（Broca homologue）和运动前区有更强的激活,表明这些区域在控制音节时长方面承担了重要作用。在实际的言语产生过程中,右脑和语言节奏产生的关系迄今还很少有研究涉及,本实验(实验十二)将通过研究一例右脑损伤病人对该问题做初步探讨。

二、研究方法

(一)被试

采用病人的个案研究:病人年龄42岁,男性,为神经胶质瘤患者,病灶部位为右脑运动前区;一名40岁的正常男性作为对照。病人尚未出现明显的运动障碍和失语症状,但从听感上判断语言韵律存在问题。

(二)材料录制和标注

为了更好地匹配病人和正常被试言语产出材料的一致性,实验仍然采用朗读任务。材料为《伊索寓言》中的故事《北风与太阳》(故事的文本见附录四)。

全部录音过程都是在一个安静的房间里用MP3录制完成的,8000赫兹采样,16比特保存,然后把录音材料转到计算机做进一步分析。用Praat软件进行辅音和元音的时长标注,标注标准和方法与实验一相同。长度在四个字及四个字以下的句子没有进行标注和参与分析,因为过短的句子很难反映语言的节奏特征。

三、实验结果和讨论

对完成标注的病人和正常被试的语料分别计算了元音占句子时长的比重(%V)、辅音部分的时长变异(ΔC)和元音部分的时长变异(ΔV),为了排除语速的影响,对ΔC和ΔV做了归一化处理(归一化的方法见第三章第一节中"预实验"),分别用$\Delta \%C$和$\Delta \%V$表示,结果见表23。在反映语言节奏特征的三个声学语音学参数中,%V和$\Delta \%V$之间存在明显差别:病人言语的%V比正常人高,$\Delta \%V$又比正常人低一些,而两人在$\Delta \%C$上的差别则很小。这一结果表明,该病人的节奏特征确实和正常人有所不同,两者之间的差别主要表现在元音的时长模式上:病人言语中,元音占更大的比例,同时时长变异减小了。

这种变化很像儿童语言的节奏特征，儿童语言的节奏特征主要是由还未完全获得弱化元音的音质和时长特征引起的，进一步分析发现病人轻声音节的元音音质和正常人相比并没有明显差别（F1/F2的频率接近），但归一化的时长（元音时长/句子时长）却比正常人的要长；除轻声音节之外，其他音节之间元音时长的差别也要小一些，比如材料中的"路上走来一个人"，正常人的元音时长（单位为毫秒）分别为126、51、110、127、85、98、48，病人的时长则分别为114、78、116、130、96、88、76。

表23 病人和正常人的节奏特征

	病人	正常人
%V	54.3	49.12
Δ%C	6.27	6.39
Δ%V	4.39	5.42

本实验发现右脑运动前区受损病人言语的节奏特征和正常人相比存在一定差别，主要表现在病人的言语有更高的%V和更低的Δ%V，从而使音节更加"节奏化"，这可能是造成听感上该病人言语韵律方面存在问题的重要原因。进一步分析发现导致%V和Δ%V发生变化的主要原因是元音时长模式的变化：病人倾向于从总体上拉长元音时长并减小轻声和非轻声音节在元音时长上的差别。这种更为规则性的元音时长模式和其他一些类型的语言障碍比如"外语口音综合征"（foreign accent syndrome，即FAS）和失调性构音障碍（ataxic dysarthria）非常相似，研究者通常用"音节节奏化"来概括母语为重音节奏语言的外语口音综合征和失调性构音障碍患者言语的节奏特点（Kent & Kim et al.，2003），他们的言语也因此被称为扫描性语言（scanning speech）。外语口音综合征通常是由左脑损伤引起的，而失调性构音障碍则和小脑功能失调有关，这和本实验中病人受损的脑区完全不同，这可能是因为言语产生过程中控制元音的时长模式涉及多个脑区，任何一个区域的损伤都会导致与元音时长模式和语言节奏特征相关的缺陷。

目前，言语产生过程中有哪些脑区参与了对节奏的调节和控制、不同脑区的作用是什么、它们之间有什么样的相互关系等问题都还缺乏实验证据，本实验属于尝试性研究，结果也是非常初步的，还需要通过对更多病人的研究进一步确认,尤其需要功能性核磁共振成像方面的研究对相关问题做更深入的探讨。但是本实验的结果至少证明右脑的运动前区在语言节奏产生过程中具有重要作用,和 Riecker et al.(2002)的研究结果一致。综合节奏感知(实验九—实验十一)和节奏产生(实验十二)方面的证据,我们认为作为语言韵律的重要组成部分,节奏加工主要是右脑的功能。

第五章
研究总结与综合讨论

自 Pike（1945）和 Abercrombie（1967）明确提出语言节奏的等时性假设和类型化观点以来，很多研究者都力图能够在声学语音学的层面对节奏加以描述，但大量的研究并没有找到等时性假设的实验证据，所以对语言节奏的研究到 20 世纪 90 年代初基本就已经告一段落（Dauer, 1983, 1987; Ramus et al., 1999）。

这种情况在 Ramus 及其合作者发表了一系列文章、提出了新的测量语言节奏的声学语音学方法之后有了根本的改变。实际上，节奏或者说时间模式的规则性是人类很多运动形式的共同特征，作为一种重要的运动形式，言语行为的时间组织也不可能是任意的，也必然要求一定的规则性，只是语言的时间组织模式并不是主要通过重音、音节或者摩拉的等时性来体现的。

最近十几年，在 Ramus 的研究影响下进行的语言节奏方面的行为研究主要是围绕以下几个方面展开的：

第一，不同语言的节奏特征和节奏类型。Ramus 的研究只考察了八种语言，相对于世界上已知的上千种语言来说，数量是极少的。这方面的研究主要是通过考察不同语言的节奏特征，检验 Ramus 的理论并为语言节奏的类型化假设提供新的证据。

第二，母语和第二语言的节奏获得。这方面的研究还刚刚起步，考察的语言还很有限，但是已经有研究者开始着手建立较大规模的语料库（Whitworth, 2002; Barry, et al., 2003; Mok, 2011），考察不同母语以及双语家庭中儿童语言节奏的发展及其对语言获得的影响。

第三，某些认知功能或者其他方面存在缺陷的儿童或者成人的语言节奏特征。语言节奏就其本质而言是指对声音序列的时间控制（言语产生）或者感知（言语感知），所以在时间加工上存在障碍的人，比如患帕金森症和小脑损伤的病人（Hartelius et al., 2000）、阅读障碍（Goswami et al., 2002）、失用（apraxia）和构音障碍（dysarthria）的儿童和成年人（Duffy, 2005; Liss et al., 2009）以及口吃的病人（Port, 2002）往往具有不同于正常人的节奏特征。

第四，对节奏在言语感知和言语产生中的作用机制的探讨。Port（2003）、Kello（2003）和Toro et al.（2003, 2005）、Tincoff et al.（2005）等的研究分别从生物进化的角度探讨了言语节奏的感知和产生机制。

另一方面，近年来，随着认知神经科学和心理学、语言学等学科的关系越来越密切，韵律加工的神经机制受到越来越多的关注，但语言节奏特征的加工机制却较少有研究涉及，尽管节奏（时长模式）和语调（音高模式）在语言韵律中的地位和作用同等重要。特别是还没有研究在Ramus的理论框架下通过语言合成的方法控制相关的声学语音学特征考察语言节奏加工的神经机制以及节奏和语调加工机制的共性与差别。

本研究一方面通过行为实验（言语产生和言语感知实验），考察了汉语的节奏特征和节奏类型以及汉语儿童和母语为英语的汉语学习者的节奏获得情况，并在Ramus et al.（2000）、Toro et al.（2005）和Tincoff et al.（2005）等人的研究基础上初步探讨了%V、ΔC和ΔV能够在感知的层面上区分语言节奏的作用机制以及语调和节奏在言语区分中的作用；另外还通过功能性核磁共振成像实验考察了由节奏和语调组成的韵律信息和语音、语义信息在言语区分过程中的神经竞争机制以及节奏和语调加工神经机制的异同，并通过对脑损伤病人言语节奏特征的分析进一步明确了大脑右半球在语言节奏加工中的重要作用。以下我们将对本研究的主要成果和发现进行总结和讨论。

一、汉语的节奏特征和语言的节奏类型化

根据现有的研究，语言节奏主要由两个重要的音系特征——音节的复杂程度和是否存在元音弱化决定。

汉语的音节结构简单，可以概括为（C）+V+（N），基本的音节结

构只有四种，即 V、CN、VN 和 CVN，最复杂的也只是 CVN 的结构，这决定了 %V 要高于（相应地，ΔC 要低于）音节结构复杂的重音节奏（CCVCC）和音节节奏（CCVC）的语言。但汉语的闭音节数量要远远高于有相似音节结构的日语，这又决定了汉语的 %V 要低于（相应地，ΔC 要高于）日语。

汉语有轻声，轻声的元音时长会显著缩短并发生音质的改变（实际上，主要轻声的元音都是弱化元音），但轻声的数量比较少，并不足以产生较高的 ΔV。

汉语的音系特点决定了汉语具有不同于重音节奏、音节节奏和摩拉节奏（我们的研究没有包括波兰语，波兰语引用了 Ramus 的结果，汉语和波兰语的节奏显然也是完全不同的）的节奏特征，形成了一种独立的节奏类型。言语产生实验的结果也得到了感知实验的支持，被试可以仅仅基于节奏特征的差异把汉语和英语、汉语和意大利语以及汉语和日语区分开来。

到现在为止，在 Dauer（1987）和 Ramus et al.（1999，2003）新的理论框架下进行的研究考察的基本都是传统上有明确认识的语言，而汉语的节奏特征并不明确，我们的研究为语言的节奏类型化假设提供了新的证据。但是，语言节奏类型化需要解决的两个基本问题仍然需要考察更多的语言，需要做更进一步的研究：

第一，语言的节奏是否只局限于目前所知的有限的几种类型？

Pike（1946）、Abercrombie（1967）和 Ladefoge（1975）等人认为世界上所有的语言都可以被划分为重音节奏、音节节奏和摩拉节奏三种类型，Ramus 的测量语言节奏的声学语音学参数主要反映了不同语言音节结构的复杂程度和是否存在元音弱化等音系特征。在音节结构的复杂程度上，根据标记性的强弱，Levelt（1999）划分了五种类型，但目前的研究只考察了三种类型，其他两种也可能会形成独立的节奏类型。另外，音节结构的复杂程度和元音弱化之间的关系在有的语言中并不像英语、法语那样变化而是表现出了相反的趋势，比如波兰语、加泰罗尼亚语和汉语都是如此，这对节奏特征也会有重要影响，也可能会形成新的节奏类型。

第二，语言的节奏分类是范畴化的还是连续的？

语言节奏的等时性假设以及在 Ramus 的理论框架下进行的研究都

坚持了语言节奏的类型化观点，即语言可以基于节奏特征的差异划分为有限的几个类型，已有的研究包括本研究都支持语言节奏的类型化假设，但现在还不能排除语言的节奏特征可能构成了一个连续体而不是范畴化的。因为有的音系特征在某种语言中虽然存在，但还有一个"量"的问题，即"量"是不是大到可以引起"质"的改变。比如加泰罗尼亚语和汉语都存在元音弱化，但因为数量很少，都不会导致 ΔV 的显著升高；而波兰语因为元音弱化的情况要远远低于英语，导致了两者节奏特征的显著差异。如果某种语言的音系特征在"量"上恰好位于两种不同类型的语言之间就会成为一种过渡类型，考虑到语言的多样性和复杂性，我们认为这样的过渡类型是有可能存在的。

二、母语和第二语言的节奏获得

本研究发现，3.5岁左右的以汉语为母语的儿童还并未完全获得母语的节奏特征，这也是由汉语自身的音系特点决定的：简单的音节结构可以在较早的年龄获得，而弱化元音的时长和音质特征只能在较晚的年龄获得。

现有的几项关于儿童母语节奏获得的研究考察的基本都只是时长模式的获得，本研究发现弱化元音的时长和音质特征的获得存在密切关系，英语、德语、法语和汉语儿童可能经过了一个类似的发展过程。

弱化元音的特征可以描述为[+短]（时长）、[+中]（音质），婴儿对元音的敏感是从非弱化元音开始的，也就是说，相对于非弱化元音，弱化元音的时长和音质特征的标记性都更强，不同母语的儿童获得母语的节奏特征都经过了一个从无标记或弱标记到有标记或强标记的发展过程。

法语没有弱化元音，获得了音节结构就基本获得了母语的节奏特征，因此应该是最早获得的；德语有元音弱化，音节结构也要比法语复杂，因此节奏的获得要比法语晚；英语的弱化元音和非弱化元音在时长和音质上的差异都要比德语大，而两者又有相似的音节结构，因此英语儿童获得母语的节奏特征要更晚一些；汉语在这四种语言中有最为简单的音节结构，但弱化元音的语音特征又和英语相似（尽管数量上要少得多），因此节奏的获得年龄应该和英语是相似的。

在第二语言的节奏获得方面，本研究发现母语为英语的人在学习汉语的时候并不会因为汉语的音节结构简单和较低的弱化元音分布而更容易获得汉语的节奏特征。这和以前的相关研究是一致的，表明语言的节奏特征，即时长特别是元音时长的分布模式，作为语言的本质特征之一，一旦获得就很难改变，会影响到第二语言的学习（Low et al., 2000；Jian，2004；Stockmal et al.，2005；White & Mattys，2007）甚至是音乐的创作（Patel & Daniele，2003；Sadakata et al.，2004）。

本研究发现的以汉语为母语的儿童获得母语的节奏特征以及母语为英语的汉语学习者习得汉语的节奏模式规律并不一定适合其他语言，仍然取决于母语和第二语言节奏特征的具体表现。比如母语为日语的英语第二语言学习者，除了可能存在和汉语学习者类似的元音弱化问题以外，在音节结构的获得上也存在很大问题，他们常常在CCC中间插入元音以形成和日语类似的CVCV结构，这样母语为日语的学习者和母语为汉语的学习者在说英语的时候就会有不同的节奏特征，相应地，%V、ΔC和ΔV也会有不同的变化。

三、节奏特征和音高信息在语言区分中的作用

节奏特征和语调模式都是重要的韵律信息，语调模式和声学上的基频有关，而节奏则反映了不同语言之间时间组织模式上的差异，主要和声学上的时长有关。语流中既包括了音高信息也包括了时长信息，它们是交织在一起的，但在言语产生和言语感知过程中，音高和时长信息的加工却是分离的，它们有不同的表征和加工机制（见图33）。

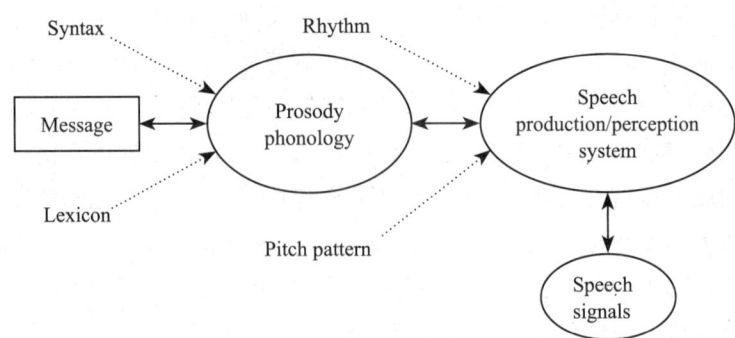

图33 言语感知和产生过程中节奏和语调的独立作用（引自O'Connell，2003）

正因为如此，人们既可以基于语调模式的差异也可以根据节奏的不

同对语言进行区分。本研究的实验二、实验三和实验八分别探讨了节奏和语调模式的相似性程度在区分不同语言过程中的相对作用。

Ramus et al.（1999，2003）的研究没有发现音高信息在区分英语—日语、英语—西班牙语、英语—波兰语等非声调语言中的作用，而我们的研究发现，在区分汉语和其他非声调语言以及汉语母语和作为外语的时候，语调信息都有重要的作用。综合考虑 Ramus 和本研究的结果，我们认为语调模式和节奏特征都为语言区分提供了重要的信息，但它们在区分不同语言时的相对重要性取决于二者在不同语言中的相似程度。当语调模式和节奏特征的差异都很大的时候，区分的比率最高（比如对汉语和其他非声调语言的区分）；当节奏特征的差异很大而语调模式又较为相似的时候，节奏特征提供了区分的重要信息，而语调信息起一定的抑制作用（比如对英语和西班牙语的区分）；当节奏特征的差异较小而语调模式又非常相似的时候，音高信息的抑制作用可能会完全掩盖节奏提供的区分线索（比如对汉语母语者和第二语言学习者所说汉语的区分）。

以后还可以通过考察其他语言对的区分进一步检验本研究的这一结论，泰语可能就提供了一个很好的例证。泰语是声调语言，这和汉语相似，节奏特征又和英语类似，属于重音节奏的语言。如果采用和本研究类似的方法考察汉语和泰语语句的区分，根据本研究的结论，对平调的汉/泰句对的区分应该好于对保存了音高模式的句对的区分，也就是说同为声调语言的泰语和汉语在音高模式上的相似性对区分起到了一定程度的阻碍作用。

四、%V、ΔV 和 ΔC 在感知层面区分语言节奏的作用机制

Ramus et al.（1999）在较早的时候认为 %V 和 ΔC 是最能反映语言节奏特征的声学语音学参数，但后来（2000，2002，2003）认为 ΔV 可以比较好地反映波兰语的节奏特征，而且得到了感知实验的支持，即被试可以仅仅依靠节奏特征对英语和波兰语的句子做出区分（英语和波兰语在 %V、ΔC 上是相似的，只在 ΔV 上存在很大差异）。在我们的研究中，汉语母语者和母语为英语的汉语学习者在 %V 和 ΔC 上也是相似的而仅在反映元音变化的 ΔV 上存在明显不同，汉语被试也能对

二者做出区分。这表明 ΔV 不仅反映了波兰语和英语在节奏特征上的差异，而且和 %V、ΔC 一样，代表了语言节奏的重要特征。

Ramus et al.（2000）、Tincoff et al.（2005）和 Toro et al.（2003，2005）的研究发现成人被试、新生儿和几个月大的婴儿甚至灵长类和哺乳类的动物都可以基于 %V、ΔC 和 ΔV 所反映的节奏特征对不同节奏类型的语言做出区分，这说明语言节奏的感知是基于较低层次上听觉系统对声音信号的加工而不具有语言特定性。

迄今为止，在新的框架下对语言节奏的研究都没有对节奏感知的机制做出明确的解释，基于上述两个基本结论，即 %V、ΔC 和 ΔV 都反映了语言节奏的重要特征和节奏感知是较低层次的听觉系统的功能，我们认为不同的语言节奏特征实际上反映了不同语言之间感知中心（P-center）变化模式的差异，人或动物可以只基于节奏特征对语言做出区分实际上反映了对感知中心变化模式的敏感。

感知中心最早是由 Morton et al. 在 1976 年提出来的。Morton et al. 发现当感知等时的声音序列时，声音的物理起点并不一定是感知的开始；而要获得感知的等时性就必须把感知中心而不是声音的物理起点等时排列。后来，他们把感知中心的概念扩大到了言语产生以及其他一些领域，比如，唱歌时必须把发音的感知中心和感知到旋律的感知中心保持同步，才能使节奏一致。

根据 Goswami et al.（2002）的研究，感知中心和振幅包络（amplitude envelope）密切相关，对语言材料来说，基本和音节之中辅音结束和元音开始的位置一致（见图 34）。

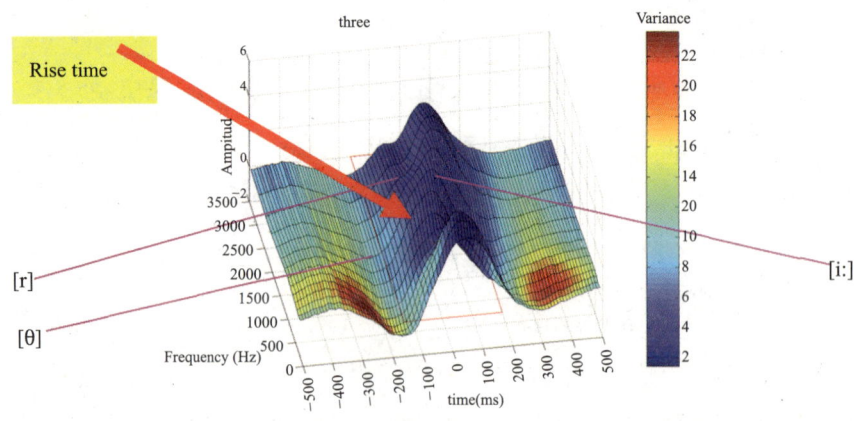

图 34　英语音节 three[θri:] 的振幅包络（引自 Goswami et al，2002）

%V、ΔC 和 ΔV 实际上都反映了不同语言之间以感知中心为中心的时长变化模式的差异，具体来说：

第一，%V 和 ΔC 同音节结构的复杂程度有关。不同语言有不同的音节复杂程度，有的语言只允许简单的音节结构，比如日语就只有四种音节结构，最复杂的也只是 CVC 结构；而有的语言的音节结构却很复杂，比如英语的音节结构有十五种之多，最复杂的是 CCCVCCCC 结构。因为感知中心和辅音结束的位置基本一致，这样，音节结构简单的语言感知中心之间的时长变异就要小于音节结构复杂的语言（见图 35）。

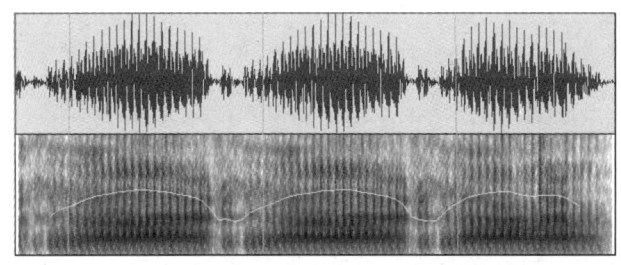

音节结构简单的语言感知中心的变化

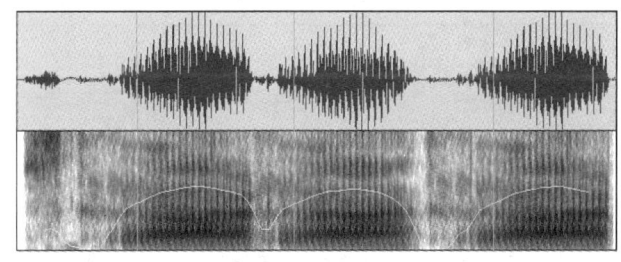

音节结构复杂的语言感知中心的变化

图 35 音节结构的复杂程度和感知中心的变化

注：图中的音节为 /scraracra/，每个音节对应的竖线大致相当于感知中心的位置。

图 35 的上半部分是音节结构简单的语言感知中心的变化模式（为了使问题简化，我们举的例子都是理想的模式），三个音节都是严格的 CVCV 结构，这样，在连续的语流中，感知中心的变化模式是最规则的。下半部分是音节结构复杂的语言感知中心的变化模式，三个音节分别是 CCCV、CV 和 CCV 的结构，辅音的结构越复杂，感知中心的位置就越向元音的方向移动。这样，一种语言的音节结构越复杂，感知中心的变化也就越不规则。

第二，ΔV 和元音弱化、长短元音的特征对立以及单元音和双元音的时长差异等诸多音系特征有关。Ramus et al.（1999）最初认为，由于反映的音系现象的复杂性，ΔV 并不是衡量语言节奏特征的一个很好的参数，但后来发现 ΔV 的差异可以解释对波兰语和英语的节奏区分。本研究也发现仅仅依靠节奏特征可以区分汉语母语者和第二语言学习者的话语，而二者也只在 ΔV 上有差异。我们认为，ΔV 和 %V、ΔC 在节奏感知中的作用机制是相同的，即它们都反映了围绕感知中心的时长变化模式的差异（见图 36）。

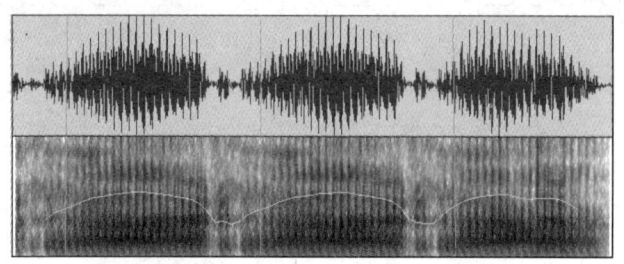
没有元音弱化等音系现象的语言感知中心的变化

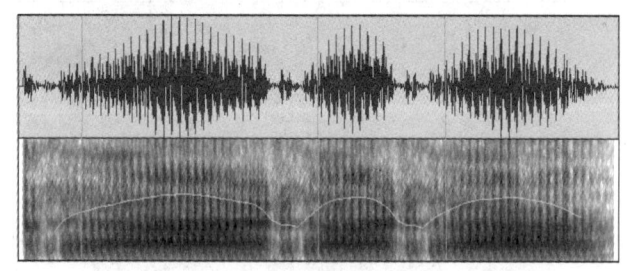
存在元音弱化等音系现象的语言感知中心的变化

图 36　元音弱化等和感知中心的变化

注：图中的音节为 /rarəra/，/ə/ 的时长明显缩短。

图 36 的上半部分是没有元音弱化等音系现象的语言感知中心的变化模式，下半部分是有元音弱化等音系现象的语言感知中心的变化模式，前者比后者要规则。

根据以上的分析，我们认为在语言的节奏感知上，ΔV 和 %V、ΔC 的作用机制是相同的，而在反映语言的节奏特征上，它们的作用同等重要，换句话说，任何一个参数的不同都反映了语言节奏特征的差异，就其本质而言，它们都反映了语言中时长信息的组织和变化模式。

五、右脑在语言节奏加工中的重要作用

本研究中的功能性核磁共振成像实验和对病人的研究结果都证实了右脑在语言节奏加工中的重要作用。研究发现对语言节奏特征的被动感知主要激活了大脑右侧的颞上回中部,而且节奏感知的右脑优势在主动任务条件下并没有发生实质性的变化,这说明主动任务对颞叶神经活动的调节并不会改变右脑在语言节奏加工过程中的主导作用。节奏特征的敏感脑区同样也参与了对语调的被动和主动感知,这说明同为韵律特征,节奏和语调的感知具有一定的共性。

对右脑损伤病人言语节奏特征的声学语音学分析发现其与正常人的节奏特征存在差异,表明在言语产生过程中,右脑在节奏特征的调节和控制方面同样承担了重要作用。

和一般的韵律特征或者具有独立的音系学意义(比如声调)、或者承担重要的交际功能(比如情绪韵律)不同,语言节奏本身既不具有独立的音系学意义也不传达情绪,因而能够把很多与高级认知加工有关的因素排除,更多地反映信号层面的加工机制。综合实验九到实验十二的研究结果,我们认为言语和非言语信息在信号加工的层面上有共同的神经机制,而以往研究中发现的言语和非言语信息加工神经机制的不同可能和更高级别的认知加工有关。

综合行为实验和脑成像的研究结果,本研究的主要发现包括以下几个方面:

1. 汉语具有和英语、意大利语、日语等不同的节奏特征,构成一种独立的节奏类型;

2. 3.5 岁左右的汉语儿童还没有完全获得母语的节奏特征;

3. 母语为英语的中级水平的汉语学习者未能完全习得汉语的节奏特征;

4. 音高模式和节奏特征都是区分汉语和其他非声调语言的重要线索;

5. ΔV 和 %V、ΔC 一样,反映了语言节奏特征的重要方面,它们在节奏感知中有相同的机制;

6. 语言节奏特征的感知和产生主要是右脑的功能。

参考文献

安英姬，等时等长的汉语节奏原则，汉语学习，1997（5）：26–29。
安英姬，汉语节奏的二三律，汉语学习，2001（1）：17–21。
曹剑芬，语言的节奏，语音研究报告，2003：24–29。
曹剑芬，基于语法信息的汉语韵律结构预测，中文信息学报，2003（17）：41–46。
曹剑芬，音段延长的不同类型及其韵律价值，南京师范大学文学院学报，2005（4）：160–167。
端木三，从汉语的重音谈语言的共性于特性，中国语言学论丛，1997（1）：78–84。
端木三，重音理论和汉语的词长选择，中国语文，1999（4）：246–254。
端木三，汉语的节奏，当代语言学，2000（4）：203–209。
方至、卢良岗、匡培梓，声调知觉的相关电位，声学学报，1998（5）：466–472。
冯胜利，论汉语的韵律词，中国社会科学，1996（1）：161–176。
冯胜利，论汉语的自然音步，中国语文，1998（1）：40–47。
冯胜利，韵律词与科学理论的构建，世界汉语教学，2001（1）：53–64。
冯胜利，韵律语法理论与汉语研究，语言科学，2007（2）：48–59。
林茂灿，普通话语句中间断和语句韵律短语，当代语言学，2000（2）：210–217。
林茂灿，普通话语句的韵律结构和基频高低线构建，当代语言学，2002（4）：254–265。
林茂灿，汉语语调与声调，语言文字应用，2004（3）：57–67。
林焘，探讨北京话轻音性质的初步实验。林焘、王理嘉主编，北京语音实验录，北京：北京大学出版社，1985。
林焘、王理嘉，语音学教程，北京：北京大学出版社，2003。
刘现强，现代汉语节奏支点初探，语言教学与研究，2007（3）：56–62。

刘现强,现代汉语节奏研究,北京:北京语言大学出版社,2007。

沈 炯,汉语音高系统的有声性和区别性,语言文字应用,1995(2):13–18。

沈 炯,朗读中的间顿,语文建设,1997(2):33–35。

王 蓓、杨玉芳、吕士楠,汉语韵律层级结构边界的声学分析,声学学报,2004(1):29–36。

王茂林,音系学的时长理论,当代语言学,2005:22–30。

吴洁敏,论汉语节奏规律,广播电视大学学报(哲学社会科学版),1998(1):62–66。

吴洁敏,汉语节律朗读和语言双码认知,浙江大学学报(哲学社会科学版),2002(5):42–49。

吴洁敏、朱宏达,汉语节律学,北京:语文出版社,2001。

杨玉芳,句法边界的韵律学表现,声学学报,1997(5):414–420。

杨玉芳,语句韵律结构知觉,声学学报,1998(2):163–169。

殷治纲,汉语普通话朗读语篇节奏研究,中国社会科学院研究生院博士学位论文,2011。

赵元任,中国字调跟语调,中研院史语所集刊,1933,4(2):121–135,

Abecasis, D., Brochard, R., Granot, R., Drake, C. Differential Brain Response to Metrical Accents in Isochronous Auditory Sequences. *Music Perception*, 2005, 22: 549–563.

Abercrombie, D. *Elements of General Phonetics*. Chicago: Aldine, 1967.

Abraham, G. *The Tradition of Western Music*. Berkeley, CA: University of California Press, 1974.

Allen, G., Hawkins, S. Phonological Rhythm: Definition and Development. In G. Yeni-Komshian, J. Kavanagh & C. Ferguson (eds.), *Child Phonology. Volume 1: Production*. Academic Press: New York, 1980.

Altmann, C., Doehrmann, O., Kaiser, J. Selectivity for Animal Vocalizations in the Human Auditory Cortex. *Cereb Cortex*, 2007, 17: 2601–2608.

Anderson, H., Johnson, R., Koehler, K. The Relationship between Native Speaker Judgement of Nonnative Pronunciation and Deviance in Segmentals Prosody and Syllable Structure. *Language Learning*, 1992, 42: 529–555.

Arai, T., Greenberg, S. The Temporal Properties of Japanese are Similar to Those of English. In *Proceedings of the International Conference on Spoken Language Processing*, 2490–2493, Philadelphia, 1996.

Bahrick, L., Pickens, J. Classification of Bimodal English and Spanish Language Passages by Infants. *Infant Behavior and Development*, 1988, 11: 277–296.

Barry, W., Andreeva, B., Russo, M. Do Rhythm Measures Tell Us Anything about Language Type? In *Proceedings of the 15th ICPHS, 2693-2696, Barcelona*, 2003.

Baum, S. The Role of Fundamental Frequency and Duration in the Perception of Linguistic Stress by Brain-Damaged Patients. *Journal of Speech, Language and Hearing Research*, 1998, 41: 31–40.

Beckman, M. Segment Duration and the Mora' in Japanese. *Phonetica*, 1982, 39: 113–135.

Beckman, M., Edwards, J., and Fletcher, J. Prosodic Structure and Tempo in a Sonority Model of Articulatory Dynamics', in G. Docherty and D. Ladd (eds.), *Papers in Laboratory Phonology II: Gesture, Segment, Prosody*. Cambridge: Cambridge University Press, 1992.

Behrens, S. The Perception of Stress and Lateralization of Prosody. *Brain and Language*, 1985, 26: 332–348.

Behrens, S. The Role of the Right Hemisphere in the Production of Linguistic Stress. *Brain and Language*, 1988, 33:104–127.

Belin, P., Zatorre, R., Lafaille, P., Ahad, P., Pike, B. Voice-Selective Areas in Human Auditory Cortex. *Nature*, 2000, 403: 309–312.

Belin, P., Zilbovicius, M., Crozier, S., Thivard, L., Fontaine, A., Masure, M., Samson, Y. Lateralization of Speech and Auditory Temporal Processing. *Journal of Cognitive Neuroscience*, 1998, 10: 536–540.

Bent, T., Bradlow, A., Wright, B. The Influence of Linguistic Experience on the Cognitive Processing of Pitch in Speech and Nonspeech Sounds. *Journal of Experimental Psychology: Human Perception and Performance*, 2006, 32: 97–103.

Berent, I., Balaban, E., Lennertz, T., Vaknin-Nusbaum, V. Phonological Universals Constrain the Processing of Nonspeech Stimuli. *Journal of Experimental Psychology: General*, 2010, 139: 418–435.

Bertoncini, J., Bijeljac-Babic, R., Jusczyk, P. W., Kennedy, L., Mehler, J. An Investigation of Young Infants' Perceptual Representations of Speech Sounds. *Journal of Experimental Psychology: General*, 1988, 117: 21–33.

Bertoncini, J., Floccia, C., Nazzi, T., Mehler, J. Morae and Syllables: Rhythmical Basis of Speech Representations in Neonates. *Language and Speech*, 1995, 38: 311–329.

Bertoncini, J., Mehler, J. Syllables as Units in Infant Perception. *Infant Behavior and Development*, 1981, 4: 247–260.

Binder, J., Frost, J., Hammeke, T., Bellgowan, P., Springer, J., Kaufman, J., Possing, J. Human Temporal Lobe Activation by Speech and Nonspeech Sounds. *Cerebral Cortex*, 2000, 10: 512–528.

Binder, J., Liebenthal, E., Possing, E. T., Medler, D. A., Ward, B. D. Neural Correlates of Sensory and Decision Processes in Auditory Object Identification. *Nature Neuroscience*, 2004, 7: 295–301.

Blasi, A., Mercure, E., Lloyd-Fox, S., Thomson, A., Brammer, M., Sauter, D., Deeley, Q., Barker, G. J., Renvall, V., Deoni, S., Gasston, D., Williams, S. C., Johnson, M. H., Simmons, A., Murphy, D. G. Early Specialization for Voice and Emotion Processing in the Infant Brain. *Current Biology*, 2011, 21, 1220–1224.

Bloch, B. Studies in Colloquial Japanese IV: Phonemics. *Language*, 1950, 26.86–125.

Blumstein, S. E., Myers, E. B., Rissman, J. The Perception of Voice Onset Time: An FMRI Investigation of Phonetic Category Structure. *Journal of Cognitive Neuroscience*, 2005, 17: 1353–1366.

Boemio, A., Fromm, S., Braun, A., Poeppel, D. Hierarchical and Asymmetric Temporal Sensitivity in Human Auditory Cortices. *Nature Neuroscience*, 2005, 8: 389–395.

Bolinger, D. *Pitch Accent and Sentence Rhythm, Forms of English: Accent, Morpheme, Order*. Cambridge, MA: Harvard University Press, 1965.

Bolton, T. Rhythm. *American Journal of Psychology*, 1894, 6: 145–238.

Bond, Z. S., Fokes, J. Identifying Foreign Languages. Paper presented at the 12th International Congress of Phonetic Sciences. Aix-in-France, 1991.

Bond, Z. S., Stockmal, V., Muljani, D. Learning to Identify Foreign Language. *Language Sciences*, 1998, 20: 353–367.

Brancucci, A., D'Anselmo, A., Martello, F., Tommasi, L. Left Hemisphere Specialization for Duration Discrimination of Musical and Speech Sound. *Neuropsychologia*, 2008, 46: 2013–2019.

Bryan, K. Language Prosody and the Right Hemisphere. *Aphasiology*, 1989, 3: 285–299.

Brechmann, A., Scheich, H. Hemispheric Shifts of Sound Representation in Auditory Cortex with Conceptual Listening. *Cerebral Cortex*, 2005, 15: 578–587.

Breitenstein, C., Van Lancker, D., Daum, I., Waters, C. H. Impaired Perception of Vocal Emotions in Parkinson's Disease: Influence of Speech Time Processing and Executive Functioning. *Brain and Cognition*, 2001, 45: 277–314.

Brown, S., Martinez, M. J., Hodges, D. A., Fox, P. T., Parsons, L.M. The Song System of the Human Brain. *Cognition Brain Research*, 2004, 20, 363–375.

Bueti, D., van Dongen, E. V, Walsh, V. The Role of Superior Temporal Cortex in Auditory Timing. *PLoS ONE*, 2008, 3: e2481.

Bunta, F., Ingram, D. The Acquisition of Speech Rhythm by Bilingual Spanish-and English-Speaking Four-and Five-Year-Old Children. *Journal of Speech, Language and Hearing Research*, 2007, 50: 999–1014.

Campbell, N. Segmental Elasticity and Timing in Japanese Speech. In Tohkura, Y. , E. Vatikiotis-Bateson & Y. Sagisaka(eds.), *Speech Perception, Production and Linguistic Structure*. Amsterdam: IOS Press, 1992.

Canter, G., Van Lancker., D. Disturbances of the Temporal Organization of Speech Following Bilateral Thalamic Surgery in a Patient with Parkinson's Disease. *Journal of Communication Disorders*, 1985, 18: 329–349.

Caramazza, A., Chialant, D., Capasso, R., Miceli, G. Separable Processing of Consonants and Vowels. *Nature*, 2000, 403: 428–430.

Carreiras, M., Price, C. J. Brain Activation for Consonants and Vowels. *Cerebral Cortex*, 2008, 18, 1727–1735.

Chomsky, N. Rules and Representations. New York, NY: Columbia University Press, 1980.

Chomsky, N. *Lectures on Government and Binding*, Dordrecht: Foris, 1981.

Classe, A. *The Rhythm of English Prose*. Oxford: Blackwell Press, 1939.

Compell, N. A Study of Japanese Speech Timing from the Syllable Perspective. *Journal of the Phonetic Society of Japan*, 1999, 3: 29–39.

Couper-Kuhlen, E. Discovering Rhythm in Conversational English: Perceptual and Acoustic Approaches to the Analysis of Isochrony. *KontRI Working Paper*, No. 13, 1990.

Couper-Kuhlen, E. English Speech Rhythm. *Form and Function in Everyday Verbal Interaction*. Amsterdam: Benjamins, 1993.

Couper-Kuhlen, E., Selting, M. Towards an Interactional Perspective on Prosody and a Prosodic Perspective on Interaction. In Couper-Kuhlen and M. Selting(eds.), *Prosody in Conversation*. Cambridge: Cambridge University Press, 1996.

Cox, R.W. AFNI: Software for Analysis and Visualization of Functional Magnetic Resonance Neuroimages. *Computers and Biomedical Research*, 1996, 29: 162–173.

Cox, R.W., Jesmanowicz, A. Real-time 3D Image Registration for Functional MRI. *Magnetic Resonance in Medicine*, 1999, 42: 1014–1018.

Crystal, D. Prosodic Development. In P. Fletcher and M. Garman(eds.) *Language Acquisition*. Cambridge: Cambridge University Press, 1979.

Cruttenden, A. Intonation Comprehension in Ten-Year-Olds. *Journal of Child Language*, 1985, 12: 643–661.

Cutler, A., Mehler, J., Norris, D., Segui, J. The syllable's Differing Role in the Segmentation of French and English. *Journal of Memory and Language*, 1986, 25: 385–400.

Cutler, A. Prosody and the Word Boundary Problem. In J. L. Morgan & K. Demuth (eds.), *Signal to Syntax: Bootstrapping from Speech to Grammar in Early Acquisition*. Mahwah, NJ: Lawrence Erlbaum, 1996.

Cutler, A., Mehler, J. The Periodicity Bias. *Journal of Phonetics*, 1993, 21: 103–108.

Cummins, F. Port, R. F. Rhythmic Constraints on Stress Timing in English. *Journal of Phonetics*, 1998, 26: 145–171.

Dasher, R., Bolinger, D. On Pre-Accentual Lengthening. *Journal of the International Phonetic Association*, 1982, 12: 58–69.

Dauer, R. M. Stress-Timing and Syllable-Timing Reanalyzed. *Journal of Phonetics*, 1983, 11: 51–62.

Dauer, R. M. *Phonetic and Phonological Components of Language Rhythm*. Paper presented at the 11th International Congress of Phonetic Sciences, 1987.

Dehaene-Lambertz, G., Houston, D. Faster Orientation Latencies toward Native Language in Two-month Old Infants. *Language and Speech*, 1998, 41: 21–43.

Dehaene-Lambertz, G., Emmanuel Dupoux, Gout, A. Electrophysiological Correlates of Phonological Processing: A Cross-Linguistic Study. *Journal of Cognitive Neuroscience*, 2000, 12: 635–647.

Delattre, P. A Comparison of Syllable Length Conditioning among Languages. *International Review of Applied Linguistics in Language Teaching*, 1966, 4: 183–198.

Dellwo, V. Rhythm and Speech Rate: A Variation Coefficient for ΔC. In P. Kar-nowski & I. Szigeti (eds.), *Language and Language-Processing*. Frankfurt: Peter Lang, 2006.

Demany, L., McKenzie, B., Vurpillot, E. Rhythm Perception in Early Infancy. *Nature*, 1977, 266: 718–719.

Den Os, E. *Rhythm and Tempo of Dutch and Italian*. Doctoral dissertation, University of Utrecht, the Netherlands, 1988.

De Pijper, J. R. *Modelling British English Intonation*, Dordrecht-Holland: Foris, 1983.

Dominey, P. Ramus, F. Neural Network Processing of Natural Language: I. Sensitivity to Serial, Temporal and Abstract Structure of Language in the Infant. *Language and Cognitive Processes*, 2000, 15: 87–127.

Drake, C., Palmer, C. Accent Structures in Music Performance. *Music Perception*, 1993, 10: 343–378.

Drake, C., Bertrand, D. The Quest for Universals in Temporal Processing in Music. *Annals of the New York Academy of Sciences*. 2001, 930: 17–27.

Duffy, J. R. *Motor Speech disorders: Substrates, Differential Diagnosis, and Management*. St. Louis: Mosby, 2005.

Dutoit, T., Pagel, V., Pierret, N., Bataille, F., Vrecken, O. *The MBROLA Project: Towards a Set of High-Quality Speech Synthesizers Free of Use for Non-Commercial Purposes*. In ICSLP'96. Philadelphia, 1996.

Emerson, C. S., Harrison, D. W., Everhart, D. E. Investigation of Receptive Affective Prosodic Ability in School-Aged Boys with and without Depression. *Neuropsychiatry, Neuropsychology, & Behavioral Neurology*, 1999, 12: 102–109.

Emmorey, K. The Neurological Substrates for Prosodic Aspects of Speech. *Brain and Language*, 1987, 30: 305–320.

Eng, N., Obler, L., Harris, K., Abramson, A. Tone Perception Deficits in Chinese-Speaking Broca's Aphasics. *Aphasiology*, 1996, 10: 649–656.

Ethofer, T., Van De Ville, D., Scherer, K., Vuilleumier, P. Decoding of Emotional Information in Voice-Sensitive Cortices. *Current Biology*, 2009, 19: 1028–1033.

Fant, G. What Can Basic Research Contribute to Speech Synthesis? *Journal of Phonetics*, 1991, 19: 75–90.

Faure, G., Hirst, D.J., Chafcouloff, M. Rhythm in English: Isochronism, Pitch, and Perceived Stress. In Waugh, L.R. and C.H. van Schooneveld (eds.), *The Melody of Language*. Baltimore: University Park Press, 1980.

Ferragne, E., Pellegrino, F. Rhythm in Read British English: Interdialect Variability. In *Proceedings of the 8th International Conference on Spoken Language Processing*. Jeju, Korea: 2004.

Ferreres, A. R., López, C.V., China, N. N. Phonological Alexia with Vowel-Consonant Dissociation in Non-Word Reading. *Brain and Language*, 2003, 84:399–413.

Flege, J. E., Takagi, N., and Mann, V. Lexical Familiarity and English-Language Experience Affect Japanese Adults' Perception of / r/ and / l/. *Journal of the Acoustical Society of America*, 1996, 99, 1161–1173.

Fodor, J. *The Modularity of Mind*. Cambridge, MA: MIT Press, 1983.

Fox, A. Prosodic Features and Prosodic Structure: The Phonology of Suprasegmentals. Oxford University Press: Oxford & New York, 2000.

Fowler, C., Smith, M., Tassinary, L. Perception of Syllable Timing by Prebabbling Infants. *Journal of the Acoustical Society of America*, 1986, 79: 814–825.

Friederici, A., & Wessels, J. Phonotactic Knowledge of Word Boundaries and Its Use in Infant Speech Perception. *Perception & Psychophysics*, 1993, 54: 287–295.

Frota, S., Vigário, M. *On the Correlates of Rhythmic Distinctions: The European / Brazilian Portuguese Case*. Probus, 2001, 13: 247–275.

Frühholz, S., Ceravolo, L., Grandjean, D. Specific Brain Networks during Explicit and Implicit Decoding of Emotional Prosody. *Cereb Cortex*, (in press).

Gandour, J.; Wong, D.; Hutchins, G. Pitch Processing in the Human Brain Is Influenced by Language Experience. *Neuroreport*, 1998, 9: 2115–2119.

Gandour, J., Wong, D., Hsieh, L., Weinzapfel, B., Van Lancker, D., Hutchins, G.

A Crosslinguistic PET Study of Tone Perception. *Journal of Cognitive Neuroscience*, 2000, 12, 207–222.

Gandour, J., Tong, Y., Wong, D., Talavage, T., Dzemidzic, M., Xu, Y., Li, X., Lowe, M. Hemispheric Roles in the Perception of Speech Prosody. *NeuroImage*, 2004, 23, 344–357.

Geiser, E., Zaehle, T., Jancke, L., Meyer, M. The Neural Correlate of Speech Rhythm as Evidenced by Metrical Speech Processing. *Journal of Cognitive Neuroscience*, 2008, 20: 541–552.

Ghazali, S., Hamdi, R., and Barkat, M. Speech Rhythm Variation in Arabic Dialects. *Proceedings of 1st International Conference on Speech Prosody*, Aix-en-Provence, France, 2002.

Giraud, K., Demonet, J. F, Habib, M., Marquis, P., Chauvel, P,, Liegeois-Chauvel, C. Auditory Evoked Potential Patterns to Voiced and Voiceless Speech Sounds in Adult Developmental Dyslexics with Persistent Deficits. *Cerebral Cortex*, 2005, 15: 1524–1534.

Glasser, M. F, Rilling, J. K. DTI Tractography of the Human Brain's Language Pathways. *Cerebral Cortex*, 2008, 18: 2471–2482.

Gleitman, L., Wanner, E. The State of the State of the Art. In Wanner, E. & L. Gleitman(eds.), *Language Acquisition: The State of the Art*. Cambridge: Cambridge University Press, 1982.

Goswami, U., Thomson, J. & Richardson, U., Stainthorp, R., Hughes, D., Rosen, S., Scott, K. Amplitude Envelope Onsets and Developmental Dyslexia: A New Hypothesis. *Proceedings of the National Academy of Sciences of the United States of America*, 2002, 99: 10911–10916.

Grabe, E., Post, B. Watson, I. The Acquisition of Rhythm in English and French, *Proceedings of the Intonational Congress of Phonetic Sciences*, 1999, 2: 1201–1204.

Grabe, E., Low, E. L. Durational Variability in Speech and the Rhythm Class Hypothesis. In Gussenhoven, C & N. Warner (eds.), *Laboratory Phonology*. Berlin: Mouton de Gruyter, 2002.

Grabe, E., Roster, R. S., Garcia-Albea, J. E., Xiaolin, Zhou. Perception of English

Intonation by English, Spanish, and Chinese Listeners. *Language and Speech*, 2003, 46: 375–401.

Griffiths, T.D., Johnsrude, I., Dean, J. L., Green, G. A Common Neural Substrate for the Analysis of Pitch and Duration Pattern in Segmented Sound? *Neuroreport*, 1999, 10: 3825–3830.

Hamdi, R. *An Acoustic Investigation of Rhythm in the Arabic Dialects*. Master thesis of Higher Institute of Languages of Tunis, 2001.

Han, M. The Feature of Duration in Japanese. *Onsei no Kenkyuu*, 1962, 10: 65–80.

Han, M. The Timing Control of Geminate and Single Stop Consonants in Japanese: A Challenge for Nonnative Speakers. *Phonetica*, 1992, 49: 102–127.

Handel, S. *Listening: An Introduction to the Perception of Auditory Events*. MIT Press, 1989.

Hartelius, L., Carlstedt, A., Ytterberg, M., Lillvik, M., & Laakso, K. Speech Disorders in Mild and Moderate Huntington Disease: Results of Dysarthria Assessments of 19 Individuals. *Journal of Medical Speech-Language Pathology*, 2003, 11: 1–14.

Hayes, B., Puppel, S. On the Rhythm Rule in Polish. In Van der Hulst, H & N. Smith (eds.), *Advances in Wonlinear Phonology*. Dordrecht: Foris, 1985.

Hayes, B. *Metrical Stress Theory: Principles and Case Studies*. Chicago: University of Chicago Press, 1995.

Hay, J., Diehl, R. Perception of Rhythmic Grouping: Testing the Iambic/ Trochaic Law. *Percept Psychophys*, 2007, 69: 113–122.

Heilman, K., Bowers, D., Susan, L. Affective Aprosodic from a Medical Frontal Stroke. *Brain and Language*, 2004, 89: 411–416.

Herry, N. Hirst, D. Subjective and Objective Evaluation of the Prosody of English Spoken by French Speakers: The Contribution of Computer Assisted Learning. In *Proceedings of Speech Prosody*, Aix-en-Provence, France, 2010.

Hesling, I., Clement, S., Bordessoules, M., Allard, M. Cerebral Mechanisms of Prosodic Integration: Evidence from Connected Speech. *NeuroImage*, 2005, 24: 937–947.

Hickok, G. Poeppel, D. Dorsal and Ventral Streams: A Framework for Understanding Aspects of the Functional Anatomy of Language. *Cognition*, 2004, 92: 67–99.

Hickok G, Poeppel D. The Cortical Organization of Speech Processing. *Nature Reviews*

Neuroscience, 2007, 8: 393–402.

Hoequist, C.J. Syllable Duration in Stress-, Syllable- and Mora-Timed Languages. *Phonetica*, 1983, 40: 203–237.

Hohne, E., & Jusczyk, P. Two-Month-old Infants' Sensitivity to Allophonic Differences. *Perception and Psychophysics*, 1994, 56: 613 – 623.

Homma, Y. Durational Relationship between Japanese Stops and Vowels. *Journal of Phonetics*, 1981, 9: 273–281.

Hsieh, L., Gandour, J., Wong, D., & Hutchins, G. Functional Heterogeneity of Inferior Frontal Gyrus Is Shaped by Linguistic Experience. *Brain and Language*, 2001, 76, 227–252.

Hume, E., Johnson, K. A Model of the Interplay of Speech Perception and Phonology. In Hume, E. & K. Johnson (eds.), *The Role of Speech Perception in Phonology*. New York: Academic Press, 2001.

Hugdahl, K., Thomsen, T., Ersland, L., Rimol, L. M., Niemi, J. The Effects of Attention on Speech Perception: An FMRI Study. *Brain and Language*, 2003, 85: 37–48.

Hutchison, E. R., Blumstein, S. E., Myers, E. B. An Event-Related FMRI Investigation of Voice-Onset Time Discrimination. *NeuroImage*, 2008, 40: 342–352.

Hwan, M. Rhythm Typology of Korean Speech. *Cognitive Processing*, 2004, 5, 249–253.

Ilvonen, T. M., Kujala, T., Tervaniemi, M., Salonen, O., Naatanen, R., Pekkonen, E. The Processing of Sound Duration after Left Hemisphere Stroke: Event-Related Potential and Behavioral Evidence. *Psychophysiology*, 2001, 38: 622–628.

Imaizumi, S., Mori, K., Kiritani, S., Hiroshi, H., Tonoike, M. Task-Dependent Laterality for Cue Decoding during Spoken Language Processing. *Neuroreport*, 1998, 9: 899–903.

Indefrey, P., Hagoort, P., Herzog, H., Seitz, R. J., Brown, C. M. Syntactic Processing in Left Prefrontal Cortex Is Independent of Lexical Meaning. *NeuroImage*, 2001, 14: 546–555.

Ingram, D. *Child Language Acquisition: Method, Description, and Explanation*. Cambridge: Cambridge University Press, 1989.

Ingram, J., Pittam, J. Auditory and Acoustic Correlates of Perceived Accent Change: Vietnamese Schoolchildren Acquiring Australian English, *Journal of Phonetics*,

1987, 15: 127–143.

Inouchi, M., Kubota, M., Ferrari, P., Roberts, T. P. Neuromagnetic Auditory Cortex Responses to Duration and Pitch Changes in Tones: Crosslinguistic Comparisons of Human Subjects in Directions of Acoustic Changes. *Neuroscience Letter*, 2002, 31:138–142.

Ito, K., Jincho, N., Minai, U., Yamane, N., Mazuka, R. Intonation Facilitates Contrast Resolution: Evidence from Japanese Adults and 6-Year Olds. *Journal of Memory and Language*, 2012, 66, 265–284.

Ivry, R. *The Two Sides of Perception*. Cambridge MA: MIT Press, 1998.

Jancke, L., Buchanan, T., Lutz, K., Specht, K., Mirzazade, S., Shah, N. J. The Time Course of the BOLD Response in the Human Auditory Cortex to Acoustic Stimuli of Different Duration. *Brain Research Cognitive Brain Research*, 1999, 8: 117–124.

Jamison, H. L.,Watkins, K. E., Bishop, D. V., Matthews, P. M. Hemispheric Specialization for Processing Auditory Nonspeech Stimuli. *Cerebral Cortex*, 2006, 16: 1266–1275.

Jian, H. An Acoustic Study of Speech Rhythm in Taiwan English. *Interspeech*, 2004, 1: 1265– 1268.

Jika, M. The Contribution of Intonation to the Perception of Foreign Accent. Doctoral thesis: University of Stuttgart, 2000.

Jusczyk, P. W., Pisoni, D. B., & Mullenix, J. Some Consequences of Stimulus Variability on Speech Processing by 2-Month-Old Infants. *Cognition*, 1992, 43: 253–291.

Jusczyk, P. W., Cutler, A., Redanz, N. Infants' Preference for the Predominant Stress Patterns of English Words. *Child Development*, 1993, 64: 675–687.

Jusczyk, P.W., Luce, P. A., Charles-Luce, J. Infants' Sensitivity to Phonotactic Patterns in the Native Language. *Journal of Memory and Language*, 1994, 33: 630–645.

Karzon, R. G., Nicholas, J. G. Syllabic Pitch Perception in 2- to 3-Month-Old Infants. *Perception and Psychophysics*, 1989, 45: 10–14.

Kato, H., Tsuzaki, M., Sagisaka, Y. Acceptability for Temporal Modification of Consecutive Segments in Isolated Words. *Journal of the Acoustical Society of America*, 1997, 101: 2311–2322.

Kolers, P. A, Brewster, J. M. Rhythms and Responses. *Journal of Experimental Psychology: Human Perception and Performance*, 1985, 11: 150–167.

Kuhl, P. K. A New View of Language Acquisition. *Proceedings of the National Academy of Sciences*, 2000, 97: 11850–11857.

Ladefoged, P. *A Course in Phonetics*. New York: Harcourt Brace Jovanovich, 1975.

Lattner, S., Meyer, M. E., Friederici, A. D. Voice Perception: Sex, Pitch, and the Right Hemisphere. *Human Brain Mapping*, 2005, 24: 11–20.

Laver, J. *Principles of Phonetics*. Cambridge: Cambridge University Press, 1994.

Leavers, V. The Use of Cognitive Processing Strategies and Linguistic Cues for Efficient Automatic Language Identification. *Language Science*, 2001, 23: 639–650.

Lee, C. S., Todd, N. P., Foster, G., Lomlu, S. Preliminary Investigations of French and English Speech Rhythm: Are Cross-Linguistic Differences in Rhythm Primarily Metrical in Origin? In Desain, P. & L. Windsor(eds.), *Rhythm Perception and Production*. Lisse: Swets, 2004.

Lehiste, I. Isochrony Reconsidered. *Journal of Phonetics*, 1977, 5: 253–263.

Lehiste, I. Fox, R. *Contribution of Duration and Intensity to Perception of Prominence*. Paper presented at the 119 th Meeting of the Acoustical Society of America. State College, Pennsylvania, 1990.

Lerdahl, F., Jackendoff, R. An Overview of Hierarchical Structure in Music. *Music Perception*, 1983, 1: 229–252.

Levelt, C., Schiller, O., Levelt, W. A Developmental Grammar for Syllable Structure in the Production of Child Language. *Brain and Language*, 1999, 68: 291–299.

Lewis, J. W., Brefczynski, J. A, Phinney, R. E., Janik, J. J., Deyoe, E. A. Distinct Cortical Pathways for Processing Tool Versus Animal Sounds. *Journal of Neuroscience*, 2005, 25: 5148–5158.

Lewis, J. W., Wightman, F. L., Brefczynski, J. A., Phinney, R. E., Binder, J. R., Deyoe, E.A. Human Brain Regions Involved in Recognizing Environmental Sounds. *Cerebral Cortex*, 2004, 14: 1008–1021.

Lidji, P., Palmer, C., Peretz, I., Morningstar, M. Listeners Feel the Beat: Entrainment to English and French Speech Rhythms. *Psychonomic Bulletin & Review*, 2011, 18: 1035–1041.

Lloyd James, A. *Speech Signals in Telephony*. London: Pitman & Sons, 1940.

Lin, H., Wang, Q. Mandarin Rhythm: An Acoustic Study. *Journal of Chinese Language and Computing*, 2005, 17: 127–140.

Liss, J. M., White, L., Mattys, S. L., Lansford, K., Lotto, A. J., Spitzer, S. M, Caviness, J. N. Quantifying Speech Rhythm Abnormalities in the Dysarthrias. *Journal of Speech, Language and Hearing Research*, 2009, 52: 1334–1352.

Lively, S. E., Pisoni, D. B., Yamada, R. A., Tohkura, Y., Yamada, T. Training Japanese Listeners to Identify English /r/ and /l/. III. Long-Term Retention of New Phonetic Categories. *Journal of the Acoustical Society America*, 1994, 96: 2076–2087.

Local, J., Bill, W., Mark, S. Phonetic Aspects of Turn Delimination in London Jamaican. *Journal of Pragmatics*, 1985, 9: 309–330.

London, J. *Hearing in Time: Psychological Aspects of Musical Meter*. Oxford & New York: Oxford University Press, 2004.

Lorch, M., Meara, P. Can People Discriminate Languages They Don't Know? *Language Sciences*, 1995, 17: 65–71.

Low, E. L., Grabe, E., & Nolan, F. Quantitative Characterisations of Speech Rhythm: Syllable-Timing in Singapore English. *Language and Speech*, 2000, 43: 377–401.

Luo, H., Boemio, A., Gordon, M., Poeppel, D. The Perception of FM Sweeps by Chinese and English Listeners. *Hearing Research*, 2007, 224: 75–83.

Luo, H., Ni, J. T., Li, Z. H., Li, X. O., Zhang, D. R., Zeng, F. G., Chen, L. Opposite Patterns of Hemisphere Dominance for Early Auditory Processing of Lexical Tones and Consonants *Proceedings of the National Academy of Sciences of the United States of America*, 2006, 103: 19558–19563.

Luks, T., Nusbaum, H., Levy, J. Hemispheric Involvement in the Perception of Syntactic Prosody is Dynamically Dependent on Task Demands. *Brain and Language*, 1998, 65: 313–332.

Magen, H. The Perception of Foreign-Accented Speech. *Journal of Phonetics*, 1998, 26: 381–400.

Major, R. Foreign Accent: Recent Research and Theory. *International Review of Applied*

Linguistics in Language Teaching, 1987, 15: 185–202.

Maidment, J. A. Voice Fundamental Frequency Characteristics as Language Differentiators. *Speech and Hearing: Work in Progress*, 1976, 1: 74–93.

Maidment, J. A. Language Recognition and Prosody: Further Evidence. *Speech, Hearing and Language: Work in Progress*, 1983, 1: 133–141.

Mareüil, P., Vieru-Dimulescu, B. The Contribution of Prosody to the Perception of Foreign Accent. *Phonetica*, 2006, 63: 247–267.

Mattys, S., Jusczyk, P. Phonotactic Cues for Segmentation of Fluent Speech by Infants. *Cognition*, 2001, 78: 91–121.

Mazuka, R. How Can a Grammatical Parameter Be Set before the First Word? In Morgan, J. L. & K. Demuth(eds.), *Signal to Syntax: Bootstrapping from Speech to Grammar in Early Acquisition*. Mahwah, NJ: Lawrence Erlbaum Associates, 1996.

Mehler, J., & Christophe, A. Maturation and Learning of Language during the First Year of Life. In Gazzaniga, M. S.(eds.), *The Cognitive Neurosciences*. MIT Press, 1995.

Mehler, J., Dupoux, E., Nazzi, T., Dehaene-Lambertz, G. Coping with Linguistic Diversity: The Infant's Viewpoint. In Morgan, J. L. & K. Demuth(eds.), *Signal to Syntax: Bootstrapping from Speech to Grammar in Early Acquisition*. Mahwah, NJ: Lawrence Erlbaum Associates, 1996.

Mehler, J., Jusczyk, P., Lambertz, G., Halsted, N., Bertoncini, J., Amiel-Tison, C. A Precursor of Language Acquisition in Young Infants. *Cognition*, 1988, 29: 143–178.

Mehler, Jacques, Núria Sebástian-Gallés, and Marina Nespor. Biological Foundations of Language: Language Acquisition, Cues for Parameter Setting and the Bilingual Infant. In Gazzaniga, M (eds.), *The New Cognitive Neuroscience*. Cambridge, MA: MIT Press, 2004.

Meyer, M., Alter, K., Friederici, A. D., Lohmann, G., von Cramon, D. Y. FMRI Reveals Brain Regions Mediating Slow Prosodic Modulations in Spoken Sentences. *Human Brain Mapping*, 2002, 17: 73–88.

Meyer, M., Steinhauer, K., Alter, K., Friederici, A. D., von Cramon, D. Y. Brain Activity Varies with Modulation of Dynamic Pitch Variance in Sentence Melody. *Brain and Language*, 2004, 89: 277–289.

Minagawa-Kawai, Y. Preciseness of Temporal Compensation in Japanese Mora Timing. *Proceedings of the 14th International Congress of Phonetic Science*, 1999, 365–368.

Moen, I. Functional Lateralization of the Perception of Norwegian Word Tones: Evidence from a Dichotic Listening Experiment. *Brain and Language*, 1983, 44: 400–413.

Moon, C., Cooper, R. P., Fifer, W. P. Two-Day-Olds Prefer Their Native Language. *Infant Behavior and Development*, 1993, 16: 495–500.

Monaghan, P. & Shillcock, R. C. Connectionist Modelling of the Separable Processing of Consonants and Vowels. *Brain and Language*, 2003, 86: 83–98.

Morton, J., Marcus, S., Frankish, C. Perceptual Centers. *Psychological Reviews*, 1976, 83: 405–408.

Mok, P. The Acquisition of Speech Rhythm by Three-Year-old Bilingual and Monolingual Children: Cantonese and English. *Bilingualism: Language and Cognition*, 2011(in press).

Molholm, S., Martinez, A., Ritter, W., Javitt, D. C., Foxe, J. J. The Neural Circuitry of Pre-Attentive Auditory Change-Detection: An FMRI Study of Pitch and Duration Mismatch Negativity Generators. *Cerebral Cortex*, 2005, 15: 545–551.

Nakatani, L.H., O'Connor, J.D. & Aston, C. H. Prosodic Aspects of American English Speech Rhythm, *Phonetica*, 1981, 38: 84–105.

Takegata, R., Nakagawa, S., Tonoike, M., Naatanen, R. Hemispheric Processing of Duration Changes in Speech and Nonspeech Sounds. *Neuroreport*, 2004, 15: 1683–1686.

Nagano-Madsen, Y. Mora and Prosodic Coordination: A Phonetic Study of Japanese, Eskimo and Yoruba. Lund: Lund University Press, 1992.

Nazzi, T., Bertoncini, J., & Mehler, J. Language Discrimination by Newborns: Towards an Understanding of the Role of Rhythm. *Journal of Experimental Psychology: Human Perception and Performance*, 1998, 24: 756–766.

Nazzi, T., Jusczyk, P.W., & Johnson, E.K. Language Discrimination by English-Learning 5-Month-Olds: Effects of Rhythm and Familiarity. *Journal of Memory and Language*, 2000, 43: 1–19.

Nespor, M. On the Rhythm Parameter in Phonology. In Roca, I. M. (eds.), *Logical Issues in Language Acquisition*. Dordrecht: Foris, 1990.

Nespor, M., Shukla, M., Mehler, J. Stress-Timed vs. Syllable-Timed Languages. *The Blackwell Companion to Phonology*, 2011, 48: 1147–1159.

Nolan, F., Asu, E.L. The Pairwise Variability Index and Coexisting Rhythms in Language. *Phonetica*, 2009, 66: 64–77.

O'Connell, G. The Aoustic Cues of Prosody. *Yearbook of DIT School of Physics*, 2003.

Obleser, J., Eisner, F., Kotz, S. A. Bilateral Speech Comprehension Reflects Differential Sensitivity to Spectral and Temporal Features. *Journal of Neuroscience*, 2008, 28: 8116–8123.

Orientalia, A., Kiadó, A. The Structure of the Chinese Text: Prosody and Grammar. Acta Orientalia, 2003, 56: 187–193.

Otake, T., Hatano, G., Cutler, A., Mehler, J. Mora or Syllable? Speech Segmentation in Japanese. *Journal of Memory and Language*, 1993, 32: 258–278.

Overath, T., Kumar, S., von Kriegstein, K., Griffiths, T. D. Encoding of Spectral Correlation over Time in Auditory Cortex. *Journal of Neuroscience*, 2008, 28: 13268–13273.

Overy, K., Norton, A. C., Cronin, K. T, Gaab, N., Alsop, D. C., Winner, E., Schlaug, G. Imaging Melody and Rhythm Processing in Young Children. *Neuroreport*, 2004, 15: 1723–1726.

Pallier, C., Sebastian-Galles, N., Dupoux, E., Christophe, A. Mehler, J. Perceptual Adjustment to Time-Compressed Speech: A Cross-Linguistic Study. *Memory & Cognition*, 1998, 26: 844–851.

Patel, A. Daniele, J. An Empirical Comparison of Rhythm in Language and Music. *Cognition*, 2003, 87: 35–45.

Patel, R., Grigos, M. Acoustic Characterization of the Question-Statement Contrast in 4, 7, and 11-Year Old Children. *Speech Communication*, 2006, 48, 1308–1318.

Patel, R. Brayton, J. Identifying Prosodic Contrasts in Utterances Produced by 4-, 7-, and 11-Year-Old Children. *Journal of Speech, Language, and Hearing Research*, 2009, 52: 790–801.

Payne, E., Post, B., Prieto, P., Vanrell, M., Astruc, L. Measuring Child Rhythm. *Language and Speech*, 2011(in press).

Pedersen, C. B., Mirz, F., Ovesen, T., Ishizu, K., Johannsen, P., Madsen, S., Gjedde, A. Cortical Centres Underlying Auditory Temporal Processing in Humans: A PET Study. *Audiology*, 2000, 39: 30–37.

Pell, M., Baum, S. The Ability to Perceive and Comprehend Intonation in Linguistic and Affective Contexts by Brain-Damaged Adults. *Brain and Language*, 1997, 57: 80–99.

Pell, M. Fundamental Frequency Encoding of Linguistic and Emotional Prosody by Right Hemisphere-Damaged Speakers. *Brain and Language*, 1999, 69: 161–192.

Pellegrino, F. Andre-obrecht, R. Automatic Language Identification: An Alternative Approach to Phonetic Modelling. *Signal Processing*, 2000, 80: 1231–1244.

Penagos, H., Melche,r J. R., Oxenham, A. J. A Neural Representation of Pitch Salience in Nonprimary Human Auditory Cortex Revealed with Functional Magnetic Resonance Imaging. *Journal of Neuroscience*, 2004, 24: 6810–6815.

Phillips-Silver, J., Toiviainen, P., Gosselin, N., Piché, O., Nozaradan, S., Palmer, C., Peretz I. *Born to Dance but Beat Deaf: A New Form of Congenital Amusia. Neuropsychologia*, 2011, 49: 961–969.

Pike, K. L. *The Intonation of American English*. Ann Arbor, MI: University of Michigan Press, 1945.

Plante, E., Creusere, M., Sabin, C. Dissociating Sentential Prosody from Sentence Processing: Activation Interacts with Task Demands. *NeuroImage*, 2002, 17: 401–10.

Poeppel, D. The Analysis of Speech in Different Temporal Integration Windows: Cerebral Lateralization as 'Asymmetric Sampling in Time'. *Speech Communications*, 2003, 41:45–255.

Pointon, G.E. Is Spanish Really Syllable-Timed? *Journal of Phonetics*, 1980, 8: 293–304.

Port, R. F., Dalby, J., & O'Dell, M. Evidence for Mora-Timing in Japanese. *Journal of the Acoustical Society of America*, 1987, 81: 1574–1585.

Port, R.F., Al Ani, S., Maeda, S. Temporal Compensation and Universal Phonetics. *Phonetica*, 1980, 37: 235–252.

Port, R. *Implications of Rhythmic Discreteness in the Production of Speech*. Paper presented at the ISCA workshop on temporal integration in the perception of speech, Aix-en-Provence, 2002.

Port, R. F. Meter and Speech. *Journal of Phonetics*, 2003, 31: 599–611.

Prince, A., Smolensky, P. *Optimality Theory: Constraint Interaction in Generative Grammar*. New Brunswick: Rutgers University, 1993.

Rakerd, B., Verbrugge, R. R. Evidence that the Dynamic Information for Vowels Is Talker Independent in Form. *Journal of Memory & Language*, 1987, 26: 558–563.

Ramus, F., Mehler, J. Language Identification with Suprasegmental Cues: A Study Based on Speech Resynthesis. *Journal of the Acoustical Society of America*, 1999, 105: 512–521.

Ramus, F., Nespor, M., Mehler, J. Correlates of Linguistic Rhythm in the Speech Signal. *Cognition*, 1999, 73: 265–292.

Ramus, F., Hauser, M., Miller, C., Morris, D., Mehler, J. Language Discrimination by Human Newborns and by Cotton-Top Tamarin Monkeys. *Science*, 2000, 288: 349–351.

Ramus, F. Language Discrimination by Newborns: Teasing apart Phonotactic, Rhythmic, and Intonational Cues. *Annual Review of Language Acquisition*, 2002, 2: 85–115.

Ramus, F., Dupoux, E., Mehler, J. *The Psychological Reality of Rhythm Classes: Perceptual Studies*. Paper presented at the 15th International Congress of Phonetic Sciences, Barcelona, Spain, 2003.

Rao, S. M., Mayer, A. R., Harrington, D. L. The Evolution of Brain Activation during Temporal Processing. *Nature Neuroscience*, 2001, 4:317–323.

Richard, M. *Studying Popular Music*. Philadelphia: Open University Press, 1990.

Riecker, A., Wildgruber, D., Dogil, G., Grodd, W., Ackermann, H. Hemispheric Lateralization Effects of Rhythm Implementation during Syllable Repetitions: An FMRI Study. *NeuroImage*, 2002, 6: 169–176.

Roach, P. On the Distinction between 'Stress-Timed' and 'Syllable-Timed' Languages. In Crystal, D. (eds.), *Linguistic Controversies*, London: Edward Arnold, 1982.

Rouas, J. L., Farinas, J., Pellegrino, F. & Andre-Obrecht, R. Rhythmic Extraction and Modelling for Automatic Language Identification. *Speech Communication*, 2005, 47: 436–456.

Russo, M., Barry, W.J. Isochrony Reconsidere Free-Marginal Kappasd. Objectifying Relations between Rhythm Measures and Speech Tempo. In *Proceedings of the 4th Conference on Speech Prosody*, 2008.

Ryalls, J., Joanette, Y., Feldman, L. An Acoustic Comparison of Normal and Right Hemisphere Damaged Speech Prosody. *Cortex*, 1987, 23: 685–694.

Sadakata, M., Ohgushi, K., Desain, P. A Cross-Cultural Comparison Study of the Production of Simple Rhythmic Patterns. *Psychology of Music*, 2004, 32: 389–403.

Salmelin, R., Schnitzler, A., Parkkonen, L., Biermann, K., Helenius, P., Kiviniemi, K., Kuukka, K., Schmitz, F., Freund, H. Native Language, Gender, and Functional Organization of the Auditory Cortex. *Proceedings of the National Academy of Sciences of the United State of America*, 1999, 96: 10460–10465.

Sato, Y. The Durations of Syllable-Final Nasals and the Mora Hypothesis in Japanese. *Phonetica*, 1993, 50: 44–67.

Schaefer, R. S, Vlek, R. J, Desain, P. Decomposing Rhythm Processing: Electroencephalography of Perceived and Self-Imposed Rhythmic Patterns. *Psychological Research*, 2011, 75: 95–106.

Schirmer, A. Timing Speech: A Review of Lesion and Neuroimaging Findings. *Cognitive Brain Research*, 2004, 21: 269–287.

Scott, D. R., Isard, S. D., de Boysson-Bardies, B. Perceptual Isochrony in English and French. *Journal of Phonetics*, 1985, 13: 155–162.

Scott, S. K., Wise, R. J. The Functional Neuroanatomy of Prelexical Processing in Speech Perception. *Cognition*, 2004, 92: 13–45.

Sebastián-Gallés, N., Dupoux E., Costa A., & Mehler J. Adaptation to Time-Compressed Speech: Phonological Determinants. *Perception & Psychophysics*, 2000, 62: 834–842.

Seddoh, S. Basis of Intonation Disturbance in Aphasia: Production. *Aphasiology*, 2000, 14: 1105–1126.

Sharp, D., Scott, S. K., Cutler, A., Wise, R. Lexical Retrieval Constrained by Sound Structure: The Role of the Left Inferior Frontal Gyrus. *Brain and Language*, 2005, 92:309–319.

Sluijter, A. M., Van Heuven, V. J. Spectral Balance as an Acoustic Correlate of Linguistic Stress. *Journal of the Acoustical Society of America*, 1996, 100: 2471–2485.

Song, J., Skoe, E., Wong, P.C.M., & Kraus, N. Plasticity in the Adult Human Auditory Brainstem Following Short-Term Linguistic Training. *Journal of Cognitive Neuroscience*, 2008, 20, 1892–1902.

Spring, D. Dale, P. Discrimination of Linguistic Stress in Early Infancy. *Journal of Speech and Hearing Research*, 1977, 20, 224–232.

Steele, J. *Prosodia Rationalis: Or, an Essay towards Establishing the Melody and Measure of Speech*, London: J. Nichols, 1775.

Stephan, K. E., Marshall, J. C., Friston, K.J., Rowe, J. B., Ritzl, A., Zilles, K., Fink, G. R. Lateralized Cognitive Processes and Lateralized Task Control in the Human Brain. *Science*, 2003, 301: 384–386.

Stockmal, V. Markus, D. Bond, D. Measures of Native and Non-Native Rhythm in a Quantity Language. *Language and Speech*, 2005, 48: 55–63.

Tajima, K., Port, R. Effects of Temporal Correction on Intelligible of Foreign-Accented English. *Journal of Phonetics*, 1997, 25: 1–24.

Tervaniemi, M., Hugdahl, K. Lateralization of Auditory-Cortex Functions. *Brain Research Review*, 2003, 43: 231–246.

Timková, R. Intonation of English in the Process of Second Language Acquisition, *Proceedings of Phonetics Teaching & Learning Conference*, 2001.

Tincoff, R., Hauser, M., Tsao, F, Mehler, J. The Role of Speech Rhythm in Language Discrimination: Further Tests eith a Non-Human Primate. *Developmental Science*, 2005, 8: 26–35.

Tong, Y., Gandour, J., Talavage, T., Wong, D., Dzemidzic, M., Xu, Y., Li, X., Lowe, M. Neural Circuitry Underlying Sentence-Level Linguistic Prosody. *NeuroImage*, 2005, 28: 417–428.

Toro, J. M., Trobalon, J., Sebastián-Gallés, N. The Use of Prosodic Cues in Language Discrimination Tasks by Rats. *Animal Cognition*, 2003, 6: 131–136.

Toro, J. M., Trobalon, J., Sebastián-Gallés, N. Effects of Backward Speech and Speaker Variability in Language Discrimination by Rats. *Journal of Experimental Psychology: Animal Behavior Processes*, 2005, 31: 95–100.

Trainor, L. J., Adams, B. Infants and Adults Use of Duration and Intensity Cues in the Segmentation of Tone Patterns. *Perception and Psychophysics*, 2000, 62: 333–340.

Tregellas, J. R., Davalos, D. B., Rojas, D. C. Effect of Task Difficulty on the Functional Anatomy of Temporal Processing. *NeuroImage*, 2006, 32: 307–315.

Trehub, S. E., Trainor, L. J. Listening Strategies in Infancy: The Roots of Music and Language Development. In McAdams, S. & E. Bigand(eds.), *Thinking in Sound: The Cognitive Psychology of Human Audition*. Oxford University Press, Oxford, 1993.

Van Ooyen, B., Bertoncini, J., Sansavini, A., Mehler, J. Do Weak Syllables Count for Newborns? *Journal of the Acoustical Society of America*, 1997, 102: 3735–3741.

Van Lancker, D.; Fromkin, V. A. Cerebral Dominance for Pitch Contrasts in Tone Language Speakers and in Musically Untrained and Trained English Speakers. *Journal of Phonetics*, 1978, 6: 19–23.

Van Lancker, D. *Cerebral Lateralization of Pitch Cues in the Linguistic Signal.* Papers in Linguist, 1980, 13: 201–277.

Van Lancker, D., Sidtis, J. The Identification of Affective-Prosodic Stimuli by Left- and Right- Hemisphere Damaged Subjects: All Errors Are Not Created Equal. *Journal of Speech and Hearing Research*, 1992, 35: 963–970.

Van Ooyen, B., Bertoncini, J., Sansavini, A., Mehler, J. Do Weak Syllables Count for Newborns? *Journal of the Acoustical Society of America*, 1997, 102: 3735–3741.

Vihman, M., William, C. Phonological Development: Toward a 'Radical' Templatic Phonology. *Linguistics*, 2007, 45: 683–725.

Vos, P. Temporal Duration Factors in the Perception of Auditory Rhythmic Patterns. *Scientific Aesthetics*, 1977, 1: 183–199.

Wang, Y., Jongman, A., Sereno, J.A. Acoustic and Perceptual Evaluation of Mandarin Tone Productions before and after Perceptual Training. *Journal of the Acoustical Society of America*, 2003, 113, 1033–1044.

Wang, Y., Spence, M.M., Jongman, A., and Sereno, J. A. Training American Listeners to Perceive Mandarin Tones. *Journal of the Acoustical Society of America*, 1999, 106, 3649–3658.

Warren, J. D., Jennings, A. R., Griffiths, T. D. Analysis of the Spectral Envelope of Sounds by the Human Brain. *NeuroImage*, 2005, 24: 1052–1057.

Warren, J. D., Uppenkamp, S., Patterson, R. D., Griffiths, T. D. Separating Pitch Chroma and Pitch Height in the Human Brain. *Proceedings of the National Academy of Sciences of the United States of America*, 100: 10038–10042.

Warrier, C. M., Wong, P. C. M., Penhune, V. B., Zatorre, R. J., Parrish, T. B., Abrams, D. A., Kraus, N. Relating Structure to Function: Heschl's Gyrus and Acoustic Processing. *Journal of Neuroscience*, 2009, 29, 61–69.

Wells, B., Peppé, S., Goulandris, N. Intonation Development from Five to Thirteen. *Journal of Child Language*, 2004, 31: 749–778.

Weintraub, S., Mesulam, M., Kramer, L. Disturbances in Prosody: A Right-Hemisphere Contribution to Language. *Archives of Neurology*, 1981, 38: 742–744.

Wenk, B., Wiolland, F. Is French Really Syllable-Timed? *Journal of Phonetics*, 1982, 10: 193–216.

Wenk, B. J. Just in Time: On Speech Rhythms in Nusic. *Linguistics*, 1987, 25: 969–981.

Wessinger, C. M., Van Meter, J., Tian, B., Van Lare, J., Pekar, J., Rauschecker, J. P. Hierarchical Organization of the Human Auditory Cortex Revealed by Functional Magnetic Resonance Imaging. *Journal of Cognitive Neuroscience*, 13: 1–7.

Whitworth, N. Speech Rhythm Production in Three German-English Bilingual Families. *Leeds Working Papers in Linguistics and Phonetics*, 2002, 9: 175–205.

White, L., Mattys, S. L. Calibrating Rhythm: First Language and Second Language Studies. *Journal of Phonetics*, 2007, 35: 501–522.

Wildgruber, D., Ackermann, H., Kreifelts, B., Ethofer, T. Cerebral Processing of Linguistic and Emotional Prosody: FMRI Studies. *Progress in Brain Research*, 2006, 156: 249–268.

Wildgruber, D., Ethofer, T., Grandjean, D., Kreifelts, B. A Cerebral Network Model of Speech Prosody Comprehension. *International Journal of Speech-Language Pathology*, 2009, 11: 277–281.

Willems, N. *English Intonation from a Dutch Point of View*. Dordrecht Holland: Foris, 1982.

Wong, P.C.M. Hemispheric Specialization of Linguistic Pitch Patterns. *Brain Research Bulletin*, 2002, 59, 83–95.

Wong, P.C.M., Skoe, E., Russo, N.M., Dees, T., Kraus, N. Musical Experience Shapes Human Brainstem Encoding of Linguistic Pitch Patterns. *Nature Neuroscience*, 2007, 10, 420–422.

Wong, P. C. M., Warrier, C. M., Penhune, V.B., Roy, A. K., Sadehh, A., Parrish, T. B., Zatorre, R. J. Volume of Left Heschl's Gyrus and Linguistic Pitch Learning. *Cerebral Cortex*, 2008, 18: 828–836.

Woodrow, H. Time Perception. *Handbook of Experimental Psychology*. New York: New York Press, 1951.

Xu, Y., Gandour, J., Talavage, T., Wong, D., Dzemidzic, M., Tong, Y., Li X, Lowe M. Activation of the Left Planum Temporale in Pitch Processing Is Shaped by Language Experience. *Human Brain Mapping*, 2006, 27: 173–183.

Yan, Q., Vaseghi, S. A Comparative Analysis of UK and US English Accents in Recognition and Synthesis. *Proceedings of the IEEE Internatonl Conference on Acoustics, Speech and Signal Processing*, 2002.

Zatorre, R. J., Belin, P. Spectral and Temporal Processing in Human Auditory Cortex *Cerebral Cortex*, 2001, 11: 946–953.

Zatorre, R. J., Evans, A. C., Meyer, E. Neural Mechanisms Underlying Melodic Perception and Memory for Pitch. *Journal of Neuroscience*, 1994, 14: 1908–1919.

Zatorre, R. J., Gandour, J. T. Neural Specializations for Speech and Pitch: Moving beyond the Dichotomies. *Philosophical Transactions of the Royal Society B: Biological Sciences*, 2008, 363: 1087–1104.

附 录

附录一 汉、英、日、意四种语言朗读语料

汉语材料

1. 下一次地方选举会在今年冬季举行。
2. 电视台下午发布了台风到来的警报。
3. 候选人周末将会举行一次特别辩论。
4. 这会是个让人感觉十分兴奋的赛季。
5. 这些作家们被首都的生活吸引住了。
6. 我祖父母的邻居是最具有魅力的人。
7. 这条街道上的美术画廊上周才开业。
8. 当地大多数商店周日下午关门很早。
9. 我并不是建议大家都购买大的汽车。
10. 理事会已经决定整修旧的活动中心。
11. 需要投入更多的钱来使该项目成功。
12. 经济方面的问题致使超市被迫关闭。
13. 洪灾过后很快就开展了城市的重建。
14. 乡村的广场上每周都会有两次集市。
15. 没有博士学历将很难得到这份工作。

16. 当地的火车五分多钟前开出了车站。

17. 政府正在计划对税收制度进行改革。

18. 那个男孩为了看日出而起得非常早。

19. 降雨给山谷地区带来了巨大的损失。

20. 那个人是非常著名的整形手术专家。

英语材料

1. The next local elections will take place during the winter.
2. A hurricane was announced this afternoon on the TV.
3. The candidates will meet this weekend for a special debate.
4. This season promises to be a very exciting one.
5. Writers have been attracted by the life in the capital.
6. My grandparents' neighbour is the most charming person I know.
7. The art gallery in this street was opened only last week.
8. Most local stores close very early on Sunday afternoons.
9. Having a big car is not something that I would recommend.
10. The council has decided to renovate the old center.
11. Much more money will be needed to make this project succeed.
12. The supermarket was close due to economic problems.
13. The rebuilding of the town started quickly after the flood.
14. There is a market twice a week on the square of the village.
15. Getting the job is difficult without a doctor degree.
16. The local train left the station more than five minutes ago.
17. The government is planning a reform of the tax system.
18. The boy got up quite early in order to watch the sunrise.
19. The recent rainfall has caused severe damage in the valleys.
20. The man is a famous specialist in plastic surgery.

日语材料

1. じかいのせんきょはふゆにおこなわれる．
2. ごごのてれびによるとたいふうがくる．
3. りっこうほしゃはしゅうまつとうろんかいをおこなう．

4. これはとてもおもしろいしあいである．

5. さっかはとしのせいかつにみせられた．

6. そふぼのりんじんはみりょくてきである．

7. あのがろうはかいぎょうしたばかりである．

8. そこはにちようごごはやくへいてんする．

9. おおがたしゃこうにゅうをていあんするのではない．

10. りじかいはしせつのたてかえをきめた．

11. これのせいこうにはさらにかねがいる．

12. けいざいもんだいですーぱーはへいてんをしいられる．

13. こうずいごすぐにまちがたてなおされた．

14. のうそんでしゅうにかいいちばがひらかれる．

15. はかせごうがないとこのしょくはえにくい．

16. げんちのきしゃはごふんまえにしゅっぱつした．

17. せいふはぜいせいかいかくをけいかくちゅうです．

18. あのこははやおきしてひのでをみた．

19. あめでていちがかなりひがいをうけた．

20. あのひとはゆうめいなせいけいげかいである．

意大利语材料

1. Le elezioni locali si terranno in inverno.

2. Il T.G. ha annunciato l'arrivo del tifone.

3. I candidati si vedranno per un dibattito.

4. Questa musica ti emozionera' tantissimo.

5. La capitale affascina molto gli scrittori.

6. Il vicino dei mie nonni e' molto attraente.

7. La galleria d'arte era aperta gia' da giorni.

8. Sabato i negozi locali chiudono presto.

9. Io non disapprovo chi compra le macchine grandi.

10. Il consiglio rinnovera' il centro ricreativo

11. Ci occorrono molti soldi per questo progetto.

12. Il supermercato chiuse per gravi problemi.

13. La piena causo' la ricostruzione della citta'.
14. In citta' si fa il mercato ogni settimana.
15. Per ottenere quel lavoro ci vuole una laurea.
16. Il treno e' partito da qui cinque minuti fa.
17. Il governo sta' pianificando una riforma.
18. Per vedere l' alba quel ragazzo si alzo' presto.
19. Le pioggie portarono molti danni nelle valle.
20. Quell' uomo e' un famoso chirurgo plastico.

附录二　故事复述任务文本材料

乌鸦喝水

　　一个鸟正在飞，天气很热。它觉*得*口渴了，它很想喝水。它看见一个瓶子，瓶子里有水，它喝不着。它就想一想办法，怎么办呢？把瓶子打破，水就流出来了，它还是喝不着。它又想一想别*的*办法，这个鸟很聪明，它用嘴叼来小*的*石头，放进瓶子里。石头越来越多，水升高了，它就喝到水了。这个鸟*的*名字叫乌鸦，乌鸦是很聪明*的*鸟。

　　注：1. 斜体是用于弱化元音音质特征分析的轻声音节；

　　　　2. 我们之前对儿童口语词汇发展的研究发现，3.5岁左右的儿童并没有获得"只"等较难的量词，因此"鸟"的量词用儿童口语中普遍使用的"个"代替。

附录三　汉语作为第二语言的节奏特征实验朗读语料

医生让他在家休息。
玛丽后天要去长城。
大卫在宿舍看电视。
我想买本汉语词典。
他的家在银行南面。

我很感谢这些老师。
大年是公司的翻译。
听说你会做日本菜。
我买张去上海的票。
香港人不说普通话。

明天比今天还要热。
我想给他买件礼物。
请把包放在衣柜里。
这个房间不能洗澡。
他很喜欢写毛笔字。

市场前面正在修路。
他来北京快一年了。
我不打算考研究生。
她现在在银行工作。
东京的夏天不太热。

附录四　病人言语的节奏特征研究朗读语料

北风与太阳

有一天，北风和太阳争论谁的本领更大。吵得正起劲的时候，路上走来一个人。它俩说，看谁能够把那人身上的衣服脱掉，谁就算赢。北风先呼呼地吼了一阵，差点把那人的大衣吹掉。可是风越刮得厉害，那人将大衣裹得越紧。北风用尽力气，也没有办法叫那人把大衣脱掉。太阳走了出来，它赶走了天上的乌云，阳光照在那人身上。那人被太阳一晒，觉得全身暖洋洋的，马上就脱掉了大衣。太阳越晒越猛，那人觉得越来越热，就把身上的衣服一件一件脱下来。北风见状只好认输。"北风与太阳"是《伊索寓言》里的故事，这个故事说明待人处事不是靠给人压力、给人逼迫就能成功的，而是要给人温暖和爱，别人才会心生欢喜，心悦诚服。

附录五　意大利语和日语对应句子的波形图和宽带语图

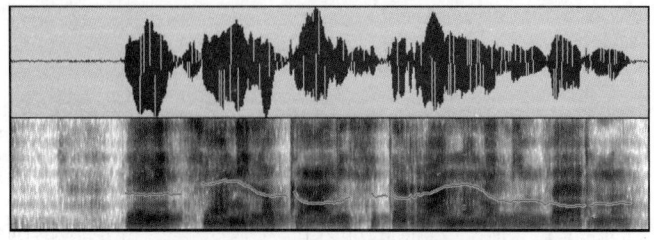

意大利语原句 "Le elezioni locali si terranno in inverno."

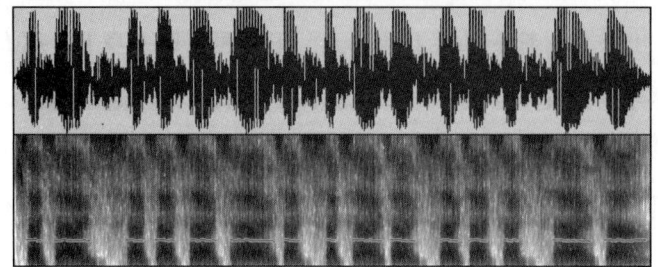

合成的平调的句子

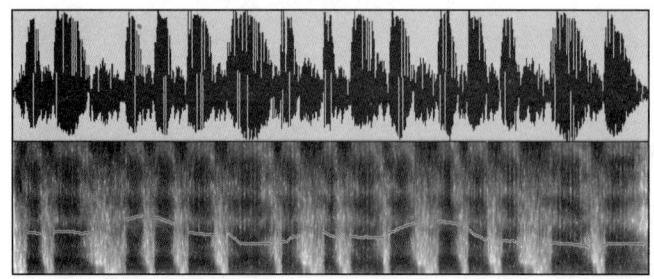

合成的保存了原句音高模式的句子

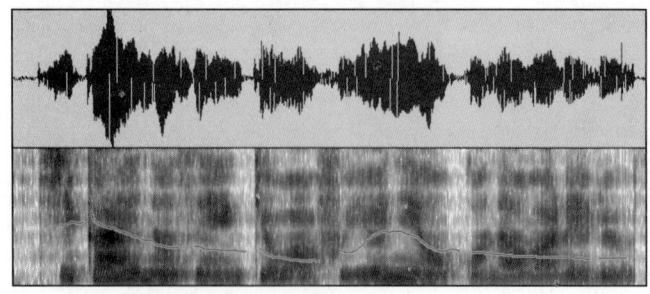

日语原句 "じかいのせんきょはふゆにおこなわれる。"

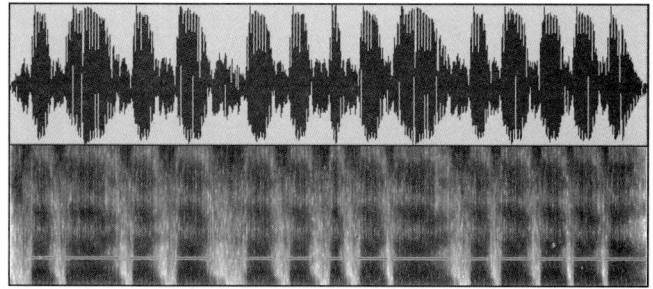

合成的平调的句子

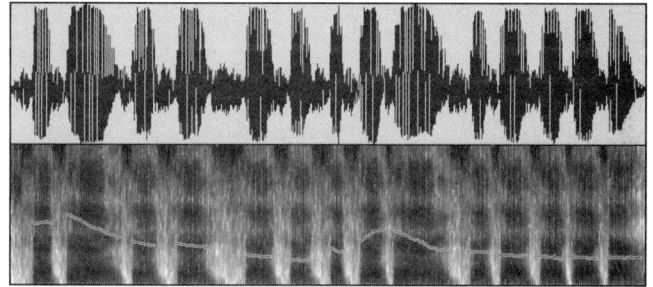

合成的保存了原句音高模式的句子